« Je puise dans la *Bhagavad-gītā* un réconfort que je ne trouve pas ailleurs. Quand le découragement m'assaille et que, dans ma solitude, nul rayon de lumière ne m'éclaire, je consulte la *Bhagavad-gītā*. »

MOHANDAS K. GANDHI

« Je me souviens toujours du sain vertige qui me saisit la première fois que des fragments de cette poésie sanskrite tombèrent sous mes yeux. »

ALPHONSE DE LAMARTINE

« Que le lecteur soit ou non un adepte de la spiritualité indienne, la lecture de la *Bhagavad-gītā telle qu'elle est* lui sera extrêmement profitable, car elle lui fera comprendre la *Bhagavad-gītā* comme la comprend encore aujourd'hui la grande majorité des hindous. Pour beaucoup de ces lecteurs, ce sera le premier contact sérieux avec l'Inde plurimillénaire et toujours vivante. Les lecteurs de la langue française peuvent maintenant aborder un texte essentiel de l'Inde, à la fois sous l'angle grammatical et dans sa perspective spirituelle fondamentale. »

FRANÇOIS CHENIQUE
Licencié-ès-Lettres Classiques
Diplômé de l'Institut d'Études Politiques de Paris
Docteur-ès-Sciences Religieuses, sanskritiste

« Bhaktivedanta Swami apporte à l'Occident un rappel salutaire, à savoir que notre culture effrénée à sens unique fait face à une crise qui peut l'amener à sa propre destruction car elle manque de l'intense profondeur d'une conscience métaphysique authentique. »

THOMAS MERTON
Théologien

La *Bhagavad-gītā telle qu'elle est* comprend 18 chapitres totalisant 700 versets. Traduite et commentée par Sa Sainteté A.C. Bhaktivedanta Swami Prabhupāda, la *Bhagavad-gītā* constitue l'essence du savoir védique et présente la connaissance transcendantale de Dieu, le Créateur Suprême. C'est une connaissance absolue, accessible à tout être humain, permettant de comprendre notre raison d'être et expliquant l'art de la dévotion pour Kṛṣṇa, Dieu la Personne Suprême.

L'*Introduction à la Bhagavad-gītā* nous donne ici un aperçu de l'ouvrage tout en incluant la situation historique, un court résumé de chaque chapitre, la préface et une biographie de l'auteur. Elle nous révèle entre autre, cinq vérités absolues : 1) le Créateur Suprême, Śrī Kṛṣṇa, 2) l'âme individuelle, 3) la nature matérielle et la manifestation cosmique, 4) le temps, indescriptible et illimité, 5) l'action et le karma.

Tout le mérite revient à Śrīla Prabhupāda qui voyagea plusieurs fois autour de la planète pour transmettre cette connaissance dans tous les pays du monde. Il est merveilleux de voir aujourd'hui de nombreux disciples se dévouant pour cette mission et qui continuent à répandre ce message sublime dans chaque ville et chaque village.

Nous souhaitons vivement que par la distribution de cette *Introduction* les gens seront inspirés à se procurer la *Bhagavad-gītā telle qu'elle est* au complet afin d'approfondir cette science de la réalisation spirituelle. Grâce à l'arme du savoir originel et grâce au service de dévotion offert à Śrī Kṛṣṇa, Dieu, la Personne Suprême, une existence heureuse dans l'harmonie et la paix sera possible, partout dans le monde et pour le bien de tous.

BAL NITĀI DĀSA ADHIKĀRĪ
(Baguma Shumbuke)
République démocratique du Congo

Introduction à la
BHAGAVAD-GĪTĀ
telle qu'elle est

Sa Divine Grâce
A. C. Bhaktivedanta Swami Prabhupāda
Acharya-fondateur de l'International Society for Krishna Consciousness

THE BHAKTIVEDANTA BOOK TRUST

Les personnes intéressées par la matière du présent
ouvrage sont invitées à s'adresser à l'un de nos centres
(voir la liste à la fin du livre), ou à écrire à:

hkf@pamho.net

Ce livre contient quelques extraits tirés de *La Bhagavad-gita telle qu'elle est* traduite de l'anglais par Pierre Corbeil
(Viṣṇurāta dāsa), Pierre J. Assouline (Janārdradhī dāsa)
et Joëlle Verdier (Jyotirmayī devī dāsī), tous trois disciples
de Sa Divine Grâce A. C. Bhaktivedanta Swami Prabhupāda.

bbt.se
krishna.com
bbt.org
bbtmedia.com
krishna.se

ISBN 978-91-7149-860-1

Introduction to Bhagavad-gītā As It Is (French)
FR-ITBG-2025-TEXT-R8

Imprimé en 2025

Situation historique
de la Bhagavad-gītā

Bien que la *Bhagavad-gītā* soit largement publiée et lue comme un ouvrage à part entière, elle fait originellement partie du *Mahābhārata*, grande épopée historique des temps anciens rédigée en sanskrit et rapportant les évènements précurseurs de l'âge de Kali. C'est au commencement de cet âge, quelque cinquante siècles plus tôt, que le Seigneur, Kṛṣṇa, énonça la *Bhagavad-gītā* à Son dévot et ami intime, Arjuna.

Leur dialogue – l'un des plus grands que l'humanité ait connu au niveau philosophique et religieux – eut lieu juste avant qu'une guerre fratricide n'opposât les cent fils de Dhṛtarāṣṭra à leurs cousins, les fils de Pāṇḍu (les Pāṇḍavas).

Les deux frères, Dhṛtarāṣṭra et Pāṇḍu, nés dans la dynastie Kuru, étaient les descendants du roi Bharata qui jadis gouverna la terre, et dont vient le nom *Mahābhārata*. Dhṛtarāṣṭra, en tant que fils aîné, aurait dû hériter du trône impérial, mais en raison d'une cécité native, le pouvoir échut à son frère cadet, Pāṇḍu. Toutefois, comme ce dernier mourut prématurément, ses cinq jeunes fils – Yudhiṣṭhira, Bhīma, Arjuna, Nakula et Sahadeva – furent confiés à Dhṛtarāṣṭra, qui occupa le trône. Ainsi les fils de Dhṛtarāṣṭra et les cinq Pāṇḍavas grandirent-ils dans le même palais. Tous furent entraînés à l'art militaire par Droṇācārya, maître d'armes expert, et conseillés par l'aïeul révéré du clan, Bhīṣma.

Les fils de Dhṛtarāṣṭra, plus particulièrement Duryodhana, l'aîné, haïssaient et jalousaient les Pāṇḍavas. Quant au faible Dhṛtarāṣṭra, il désirait voir ses fils hériter du royaume à la place des fils de Pāṇḍu. Duryodhana, avec le consentement de son père, résolut alors de tuer les Pāṇḍavas, mais ses plans furent déjoués grâce à la protection bienveillante de Vidura, leur oncle, et de Kṛṣṇa, leur cousin.

Kṛṣṇa n'était pas un homme ordinaire, mais Dieu, la Personne Suprême, descendu sur terre. Dans Son rôle de prince d'une dynastie contemporaine, Il était le neveu de Kuntī (également appelée Pṛthā), épouse de Pāṇḍu et mère des Pāṇḍavas. En tant que parent et soutien de la religion, Kṛṣṇa favorisa les vertueux fils de Pāṇḍu et les protégea.

Finalement, le rusé Duryodhana réussit à défier les Pāṇḍavas au jeu. Au cours de ce tournoi truqué, Duryodhana et ses frères s'emparèrent de Draupadī, la chaste femme des Pāṇḍavas, et tentèrent de la dévêtir devant toute l'assemblée des rois et des princes. Ce n'est qu'en vertu de l'intervention de Kṛṣṇa qu'elle put éviter le déshonneur. Puis Duryodhana déposséda les Pāṇḍavas de leur royaume et les força à un exil de treize ans.

Ces treize années écoulées, les Pāṇḍavas demandèrent à bon droit de reprendre possession de leur royaume. Ce que Duryodhana refusa tout net. Comme un prince ne pouvait assumer de fonction ailleurs que dans le gouvernement, ils limitèrent leur requête à la souveraineté de cinq villages. Mais Dhṛtarāṣṭra les accabla de son mépris : jamais il ne leur accorderait fût-ce assez de terre pour planter une aiguille. Jusque-là, les Pāṇḍavas avaient toléré les insultes et montré une grande patience. À présent, la guerre semblait inévitable.

Comme les dirigeants du monde étaient partagés en deux camps, les uns s'étant ralliés aux fils de Dhṛtarāṣṭra, les autres aux Pāṇḍavas, Kṛṣṇa offrit d'être le messager des fils de Pāṇḍu. Il Se rendit à la cour de Dhṛtarāṣṭra pour tenter d'intervenir en faveur d'un règlement pacifique. Sa requête fut repoussée. La guerre aurait donc lieu.

Les Pāṇḍavas, purs dévots du Seigneur de la plus haute vertu morale, reconnaissaient en Kṛṣṇa, Dieu, la Personne Suprême, alors que les fils de Dhṛtarāṣṭra, dénués de piété, s'aveuglaient sur Sa nature divine. Kṛṣṇa offrit de participer à la bataille en respectant le désir de chacun des protagonistes. Il ne combattrait pas en personne, mais ordonnerait que Ses propres armées rallient un camp, tandis que Lui-même rejoindrait l'autre en tant que conseiller. Duryodhana opta pour les forces armées du Seigneur tandis que les Pāṇḍavas préférèrent avoir Kṛṣṇa à leurs côtés. C'est ainsi que Kṛṣṇa devint le conducteur du char d'Arjuna.

Le décor est à présent planté. Les armées déployées en ordre de bataille s'apprêtent à combattre. Kṛṣṇa, debout entre les lignes ennemies, donne à Arjuna Son enseignement divin : la *Bhagavad-gītā*.

Notons brièvement que la plupart des traducteurs anglais de la *Bhagavad-gītā* ont presque toujours écarté la Personnalité de Kṛṣṇa et présenté l'ouvrage selon leurs propres conceptions philosophiques. Sous leur plume, l'histoire du *Mahābhārata* devint pure mythologie, et Kṛṣṇa, un procédé poétique pour présenter les idées de quelque génie anonyme, ou au mieux, un personnage historique mineur. Mais Kṛṣṇa, conformément à ce que dit l'ouvrage, est à la fois le but et la substance même de la *Bhagavad-gītā*.

Cette traduction – et le commentaire qui l'accompagne – se propose donc d'amener le lecteur à Kṛṣṇa, et non de l'éloigner de Lui. Kṛṣṇa étant le narrateur, mais aussi l'objet ultime de la *Bhagavad-gītā*, cette traduction présente ce grand ouvrage en en conservant les termes propres.

Les Éditeurs

Avant-propos

Dans tous nos ouvrages – *Śrīmad-Bhāgavatam, Śrī Īśopaniṣad,* etc. – le verset sanskrit original est suivi de sa translitération, de sa traduction accompagnée des équivalences de chaque mot, puis d'une exégèse détaillée. Ainsi, non seulement l'Écrit garde-t-il son authenticité et son haut niveau d'érudition, mais encore la teneur du savoir étendu qu'il renferme devient-elle évidente et aisément accessible.

Nombre d'érudits et de dévots ayant émis le souhait de nous voir présenter ainsi la *Bhagavad-gītā* en une édition complète, nous nous efforçons aujourd'hui de répondre à leur requête en leur offrant ce grand livre qui contient l'essence du savoir et des commentaires en tous points conformes à la *paramparā,* donnant au Mouvement pour la Conscience de Kṛṣṇa de solides assises.

Ce mouvement est parfaitement authentique, historiquement bien ancré, naturel à l'âme et totalement spirituel car il s'appuie sur la *Bhagavad-gītā telle qu'elle est.* Il est en train de devenir très populaire dans le monde entier, notamment chez les jeunes, mais les générations plus anciennes commencent également à s'y intéresser. Ainsi, les parents et les grands-parents de nos disciples nous encouragent en devenant membres. Nombre de pères et de mères sont venus m'exprimer leur gratitude pour avoir répandu ce mouvement à travers le monde. Certains d'entre eux estiment même que c'est une grande chance pour l'Occident. Mais en vérité, la paternité de ce mouvement revient au Seigneur Lui-même, Kṛṣṇa, car c'est Lui qui le créa au début des temps et le fit parvenir jusqu'à nous grâce à une succession de maîtres. Si quelque mérite nous est attribué pour la fondation et la conduite de ce mouvement, il revient en fait à notre maître spirituel éternel, Oṁ Viṣṇupāda Paramahaṁsa Parivrājakā-cārya 108 Śrī Śrīmad Bhaktisiddhānta Sarasvatī Gosvāmī Mahārāja Prabhupāda.

Notre seul mérite personnel est d'avoir essayé de présenter la *Bhagavad-gītā* telle quelle, sans l'altérer. Car la presque totalité des éditions qui précédèrent la nôtre furent introduites en Occident sur la base de quelque ambition personnelle. En ce qui nous concerne, nous avons tenté, en présentant la *Bhagavad-gītā telle qu'elle est,* de transmettre le message de Kṛṣṇa, de Dieu, la Personne Suprême. Nous n'avons d'autre dessein que de faire connaître la volonté de Kṛṣṇa, plutôt que les spéculations de politiciens, savants ou philosophes, qui, en dépit d'un vaste savoir, n'ont guère connaissance de Kṛṣṇa. Lorsque dans la *Bhagavad-gītā,* Kṛṣṇa dit : *man-manā bhava mad-bhakto mad-yājī māṁ namaskuru,* nous ne prétendons pas, à l'instar des pseudo-érudits, que s'exprime ici l'Esprit universel qui réside en Kṛṣṇa et non Kṛṣṇa Lui-même. Kṛṣṇa étant absolu, il n'existe aucune différence entre Son nom, Sa forme, Ses attributs, Ses divertissements et Sa personne. Pour autant, cette nature absolue de Kṛṣṇa est très difficile à appréhender pour qui n'est pas Son dévot et n'appartient pas à la *paramparā* (succession disciplique de maîtres).

En général, les prétendus érudits, philosophes et *svāmīs*, ou même politiciens, qui commentent la *Bhagavad-gītā* ont une maigre compréhension de Kṛṣṇa et tentent de L'écarter ou de L'occulter. Śrī Caitanya nous met en garde contre ces commentaires non autorisés, connus en Inde sous le nom de *māyāvāda-bhāṣya*. Il explique clairement que quiconque essaie de comprendre la *Bhagavad-gītā* en se référant à la pensée *māyāvādī* commet une grossière erreur. Ainsi égaré, l'étudiant finit par se détourner de la voie spirituelle et n'est plus en mesure de retourner à Dieu, en son éternelle demeure.

En présentant la *Bhagavad-gītā telle qu'elle est*, nous n'avons pas d'autre motivation que d'offrir à l'étudiant encore conditionné une direction spirituelle qui le mènera au but que Kṛṣṇa propose aux êtres vivants, lorsqu'en chaque jour de Brahmā (c'est-à-dire chaque cycle de 8 600 000 000 d'années) Il descend sur notre planète. Cette destinée est parfaitement décrite dans la *Bhagavad-gītā* et nous devons la reconnaître comme telle, faute de quoi, on s'évertuera en vain à essayer de comprendre l'ouvrage, tout comme on cherchera vainement à connaître Celui qui l'énonça, Kṛṣṇa. Il y a des centaines de millions d'années, le Seigneur enseigna en tout premier lieu la *Bhagavad-gītā* au *deva* du soleil. C'est un fait qu'il faut accepter pour comprendre la signification historique de celle-ci sans faussement l'interpréter, sur la base de l'autorité de Kṛṣṇa. Interpréter la *Bhagavad-gītā* sans se référer à la volonté du Seigneur, c'est commettre la plus grande des offenses. Aussi, afin de se garder d'un tel outrage, on doit, comme le fit directement Arjuna, Son premier disciple, comprendre que Kṛṣṇa est Dieu, la Personne Suprême. Saisir ainsi le sens de la *Bhagavad-gītā* constitue la voie authentique, dont on peut affirmer qu'elle est la plus propice au bien-être de la société, car elle permet à l'homme de s'acquitter de la mission qui lui est échue en tant qu'être humain.

La voie de la conscience de Kṛṣṇa est essentielle pour la société humaine car elle offre d'atteindre la perfection de l'existence. Comment? C'est ce qu'explique dans tous les détails la *Bhagavad-gītā*. Malheureusement, certains ergoteurs matérialistes se sont servis de la *Bhagavad-gita* pour légitimer leurs vues démoniaques et détourner les hommes du juste entendement des principes de base de la vie. Or, chacun est tenu de connaître la grandeur de Dieu, de Kṛṣṇa, de même que la véritable position de l'être vivant. Il convient de savoir que l'être doit éternellement servir quelqu'un, et qu'à moins de servir Kṛṣṇa, il lui faut servir l'illusion, sous les diverses formes qu'engendre la combinaison des trois modes d'influence de la nature matérielle, et ainsi errer perpétuellement, prisonnier du cycle des morts et des renaissances, auquel même le *māyāvādī* – soi-disant libéré – reste soumis. Ce savoir est une grande science, qu'il est dans l'intérêt de tout homme d'assimiler.

En cet âge de Kali, la plupart des gens sont fascinés par l'énergie externe de Kṛṣṇa. Ils sont persuadés que s'ils parviennent à accroître les commodités matérielles de la vie, ils trouveront le bonheur. Ils mésestiment la puissante nature matérielle qui emprisonne les êtres dans ses lois rigoureuses. L'être vivant fait partie intégrante du Seigneur. C'est pourquoi il ne saurait trouver le bonheur autrement qu'en servant le Seigneur, autrement qu'en remplissant sa fonction originelle. Ensorcelé par l'illusion, il s'efforce pourtant d'accéder à ce bonheur en servant ses sens de diverses façons, et invariablement, il échoue car la plus haute perfection de l'existence consiste à servir les sens du Seigneur plutôt que les siens propres. Ce commandement du Seigneur est l'idée maîtresse de la *Bhagavad-gītā*. Il faut comprendre ce message essentiel que le Mouvement pour la Conscience de Kṛṣṇa s'efforce d'enseigner au monde. Du fait que nous n'altérons aucunement la *Bhagavad-gītā*, quiconque veut sincèrement tirer le meilleur parti de son étude doit recourir à notre mouvement. Alors parviendra-t-il, sous la conduite personnelle du Seigneur, à un entendement pratique des enseignements qu'elle contient. Nous souhaitons donc vivement que par l'étude du présent ouvrage, la *Bhagavad-gītā telle qu'elle est,* chacun puisse obtenir le plus grand des bienfaits. Même si un seul homme, grâce à elle, devient un pur dévot du Seigneur, nous considérerons que nos efforts ont été couronnés de succès.

A.C. Bhaktivedanta Swami
12 Mai 1971
Sydney, Australie

Introduction à la Bhagavad-gītā

La *Bhagavad-gītā,* connue également sous le nom de *Gīto-paniṣad* renferme l'essence du savoir védique. Elle est l'une des *Upaniṣads* les plus importantes. Il existe d'ailleurs de nombreux commentaires sur l'ouvrage, tellement même, qu'on pourrait s'interroger sur le bien-fondé d'une nouvelle publication. Voici donc ce qui m'a amené à produire la présente édition de ce livre.

Une dame m'a un jour prié de lui recommander une traduction de la *Bhagavad-gītā.* Bien qu'il y ait eu de multiples versions indiennes et occidentales de l'œuvre, je n'en ai trouvé aucune qui conserve rigoureusement au texte son intégrité originelle. Dans presque toutes, les commentateurs donnent leur opinion personnelle sans réellement rendre tel quel l'esprit de la *Bhagavad-gītā.* Or cet esprit, l'Écrit lui-même nous le révèle. Tout comme pour prendre un médicament il faut se référer à la posologie, il convient de recevoir la *Bhagavad-gītā* en observant les directives de Celui qui l'a énoncée. En effet, si nous souhaitons qu'un médicament soit efficace, nous ne le prendrons pas d'une manière fantaisiste, ou selon les recommandations d'un ami, mais bien plutôt nous en tiendrons-nous aux indications de la notice ou aux instructions du médecin. Il en est de même de l'étude de la *Bhagavad-gītā*.

Au fil des pages, l'identité de Kṛṣṇa s'affirme : Il est Bhagavān, Il est Dieu, la Personne Suprême. Certes, le mot *bhagavān* désigne parfois une éminente personnalité ou un puissant *deva*. Et il indique assurément ici que Kṛṣṇa est un personnage de grande importance. Mais il nous faut savoir que Kṛṣṇa est Dieu, la Personne Suprême, ainsi que le confirment tous les grands *ācāryas* (maîtres spirituels) tels que Śaṅkarācārya, Rāmānujācārya, Madhvācārya, Nimbārka Svāmī, Śrī Caitanya Mahāprabhu et beaucoup d'autres autorités de l'Inde versées dans le savoir védique. En outre, le Seigneur en personne établit Sa divinité suprême dans la *Bhagavad-gītā* elle-même, divinité que Lui reconnaissent la *Brahma-saṁhitā* et l'ensemble des *Purāṇas*, plus particulièrement le *Bhāgavata Purāṇa*, ou *Śrīmad-Bhāgavatam* (*kṛṣṇas tu bhagavān svayam*). Nous devons donc recevoir la *Bhagavad-gītā* conformément aux directives de Dieu Lui-même.

Dans le quatrième chapitre (4.1–3), le Seigneur dit :

imaṁ vivasvate yogaṁ, proktavān aham avyayam
vivasvān manave prāha, manur ikṣvākave 'bravit

evaṁ paramparā-prāptam, imaṁ rājarṣayo viduḥ
sa kāleneha mahatā, yogo naṣṭaḥ parantapa

sa evāyaṁ mayā te 'dya, yogaḥ proktaḥ purātanaḥ
bhakto 'si me sakhā ceti, rahasyaṁ hy etad uttamam

Il apprend à Arjuna que la connaissance du yoga dont il est question ici fut d'abord révélée au *deva* du soleil, qui la livra à Manu, lequel la communiqua à son tour à Ikṣvāku. Ainsi le yoga qu'enseigne la *Bhagavad-gītā* fut-il transmis par une filiation spirituelle, de maître à disciple. Or, comme avec le temps ce savoir s'est perdu, le Seigneur l'énonce à nouveau. Mais cette fois Il l'expose à Arjuna sur le champ de bataille de Kurukṣetra.

Kṛṣṇa explique à Arjuna qu'Il lui révèle ce savoir secret, suprême entre tous, parce qu'il est Son dévot et Son ami. La *Bhagavad-gītā* est donc un traité plus particulièrement destiné aux dévots du Seigneur. Il y a trois catégories de spiritualistes, les *jñānīs,* les *yogīs* et les *bhaktas,* c'est-à-dire respectivement, les philosophes impersonnalistes, les adeptes de la méditation et les dévots du Seigneur. Dans ces versets également, le Seigneur annonce à Arjuna qu'Il fait de lui le premier chaînon d'une nouvelle filiation spirituelle (*paramparā*) puisque l'ancienne est rompue. Le Seigneur souhaite donner naissance à une nouvelle lignée de maîtres chargés de transmettre sans l'altérer la connaissance autrefois rapportée par le *deva* du soleil à ses successeurs. Il désire aussi que cette connaissance se propage par l'intermédiaire d'Arjuna, qui doit devenir l'autorité en matière de compréhension de la *Bhagavad-gītā*. On voit donc que le Seigneur a tout spécialement choisi Arjuna pour divulguer Son enseignement parce qu'il est Son dévot, Son disciple immédiat et Son ami intime. Pour cette raison, celui qui désire vraiment comprendre la *Gītā* doit développer les mêmes qualités qu'Arjuna. Il doit être un dévot uni au Seigneur par une relation directe. Or ce n'est qu'en devenant un dévot du Seigneur qu'on établit un lien direct avec Lui.

Bien que le sujet soit fort complexe, on peut tout de même

expliquer brièvement que la relation qui unit le dévot à Dieu, la Personne Suprême, revêt l'une de ces cinq formes :

1. la relation passive, ou neutre
2. la relation active, ou de service
3. la relation d'amitié
4. la relation parentale
5. la relation amoureuse.

Arjuna est uni au Seigneur par une relation d'amitié. Évidemment, un abîme sépare cette amitié de celle que nous connaissons dans le monde matériel. Cette amitié transcendantale n'est pas à la portée de tous. Car si chaque être est uni au Seigneur par une relation qui lui est personnelle, cette relation ne devient manifeste que lorsque l'être atteint la perfection du service de dévotion. Malheureusement, dans notre condition actuelle, non seulement avons-nous oublié le Seigneur Suprême, mais aussi la relation éternelle qui nous lie à Lui.

Les milliards et milliards d'êtres vivants sont tous individuellement unis à Dieu par une relation éternelle. Cette relation, ou constitution propre et singulière de l'être, est appelée *svarūpa*. Or, comme nous l'avons mentionné plus haut, c'est par le processus du service de dévotion que l'être recouvre sa nature parfaite et originelle. Cet état de perfection est techniquement nommé *svarūpa-siddhi*. En ce qui le concerne, Arjuna est un dévot du Seigneur uni à Lui par une relation d'amitié. Le dixième chapitre nous permet de comprendre comment Arjuna réagit face au message de la *Bhagavad-gītā* (10.12–14) :

arjuna uvāca
paraṁ brahma paraṁ dhāma, pavitraṁ paramaṁ bhavān
puruṣaṁ śāśvataṁ divyam, ādi-devam ajaṁ vibhum

āhus tvām ṛṣayaḥ sarve, devarṣir nāradas tathā
asito devalo vyāsaḥ, svayaṁ caiva bravīṣi me

sarvam etad ṛtaṁ manye, yan māṁ vadasi keśava
na hi te bhagavan vyaktiṁ, vidur devā na dānavāḥ

« Arjuna dit : Tu es Dieu, la Personne Suprême, l'ultime demeure, la Vérité Absolue. Tu es la Personne originelle, transcendantale et éternelle. Tu es le Non-né, le plus pur et le plus grand. Tous les grands sages, Nārada, Asita, Devala et Vyāsa le proclament, et Toi-même à présent me le révèles. Ô Kṛṣṇa, tout ce que Tu m'as dit est pour moi l'entière vérité. Ni les *devas* ni les démons ne peuvent connaître Ta personne, ô Seigneur. »

Après avoir reçu la *Bhagavad-gītā* du Seigneur en personne, Arjuna reconnaît en Kṛṣṇa le *paraṁ brahma*, le Brahman Suprême – les êtres distincts étant tous Brahman, tandis que Dieu est le Brahman Suprême. Les mots *paraṁ dhāma* Le désignent comme le repos, le séjour ultime de tout ce qui est ; *pavitram* signifie qu'Il est pur, exempt de toute souillure matérielle ; *puruṣam* indique qu'Il est le bénéficiaire suprême de tous les plaisirs ; *śāśvatam*, qu'Il est la Personne originelle ; *divyam*, qu'Il transcende la matière ; *ādi-devam*, qu'Il est Dieu, la Personne Suprême ; *ajam*, qu'Il est le Non-né ; et *vibhum*, le plus grand.

On pourrait croire que son amitié pour Kṛṣṇa incite Arjuna à prononcer des éloges flatteurs, mais pour dissiper tout soupçon du lecteur de la *Bhagavad-gītā*, Arjuna justifie ses louanges dans le verset suivant en précisant que si lui-même reconnaît en Kṛṣṇa, Dieu, la Personne Suprême, les autorités en matière de savoir védique que sont Nārada, Asita, Devala et Vyāsadeva, qui tous distribuent ce savoir reconnu des *ācāryas*, partagent son jugement. Non seulement Arjuna reconnaît-il l'absolue perfection des propos de Kṛṣṇa (*sarvam etad ṛtaṁ manye* – « Tout ce que Tu me dis, je l'accepte comme la vérité »), mais encore précise-t-il qu'il est très difficile de comprendre la personnalité du Seigneur que même les puissants *devas* ne peuvent connaître. Or, si même les êtres supérieurs à l'homme ne peuvent connaître Kṛṣṇa, comment un simple humain le pourrait-il sans devenir Son dévot?

Il faut donc avoir une approche dévotionnelle de la *Bhagavad-gītā,* ne jamais se considérer l'égal de Kṛṣṇa et en aucun cas Le prendre pour une personne ordinaire ou même un très grand personnage. Kṛṣṇa est Dieu, la Personne Suprême. Que ce soit à la lumière de ces saints enseignements ou des paroles d'Arjuna qui s'efforce d'en saisir la portée, nous devons, ne serait-ce que théoriquement, accepter que Kṛṣṇa est Dieu. Cette acceptation soumise nous permettra de comprendre la *Bhagavad-gītā.* Inversement, lire sans une telle disposition d'esprit rendra la compréhension de l'ouvrage particulièrement ardue, car il s'agit d'un grand mystère.

Quel est, en définitive, le but de la *Bhagavad-gītā*? L'être humain étant généralement confronté dans sa vie à mille difficultés, tout comme le fut Arjuna devant l'imminence de la bataille de Kurukṣetra, nous dirons que la *Bhagavad-gītā* se propose de libérer l'humanité de l'ignorance inhérente à l'existence matérielle. Arjuna s'abandonna à Kṛṣṇa, qui lui exposa alors la *Bhagavad-gītā.*

Comme Arjuna, à cause de notre existence matérielle, nous sommes en proie à de vives anxiétés. En fait, nous baignons dans une atmosphère de non-existence. Et pourtant, bien que nous soyons, pour une raison ou une autre, plongés pour l'heure dans cet *asat* – ce qui n'existe pas –, nous ne sommes pas faits pour vivre sous la menace du non-existant, car nous sommes éternels.

D'entre les êtres humains qui souffrent, seuls quelques-uns s'interrogent réellement sur leur condition intrinsèque, sur leur identité propre, sur la raison pour laquelle ils se sont retrouvés dans une situation aussi inconfortable. Or, à moins qu'il ne se demande pourquoi il souffre, à moins qu'il ne comprenne qu'il lui faut trouver un remède à ses maux, nul être humain ne peut être considéré digne de ce nom. L'humanité ne commence que lorsque de telles interrogations naissent dans l'esprit. Dans le *Brahma-sūtra,* on nomme cette recherche : *brahma-jijñāsā* (*athāto brahma-jijñāsā*). À moins que l'être humain ne s'enquière de la nature de l'Absolu, chacune de ses activités sera considérée comme un échec. Par conséquent, ceux qui s'essayent à trouver la cause de leurs souffrances, qui se demandent d'où ils viennent et où ils iront après la mort, sont à même d'étudier et de comprendre la *Bhagavad-gītā.* En outre, il faudra que l'étudiant sincère ait un grand respect pour Dieu, la Personne Suprême. Arjuna répondait parfaitement à tous ces critères.

Kṛṣṇa descend en ce monde spécifiquement pour rappeler à l'homme oublieux le but véritable de l'existence. Parmi les innombrables hommes qui s'éveilleront au vrai sens de la vie, un seul, peut-être, développera l'état d'esprit requis pour comprendre sa nature réelle ; c'est pour lui que Kṛṣṇa énonce la *Bhagavad-gītā.*

Le tigre de l'ignorance nous dévore tous, mais dans Son infinie miséricorde pour les êtres vivants – et plus particulièrement pour les êtres humains –, le Seigneur fait de Son ami Arjuna Son disciple et expose la *Bhagavad-gītā.*

Notons que parce qu'il est le compagnon intime de Kṛṣṇa, Arjuna ne peut être sujet à l'ignorance. S'il en devient pourtant victime lors de la bataille de Kurukṣetra, c'est pour donner à Kṛṣṇa l'occasion de répondre aux questions qu'il se posera sur les problèmes de l'existence, et pour en faire bénéficier les futures générations. L'homme saura alors quelle ligne de conduite adopter pour atteindre la perfection de la vie humaine.

La *Bhagavad-gītā* nous amène à comprendre cinq vérités fondamentales, dont la première est la science de Dieu, et la seconde, la nature intrinsèque des êtres vivants. Dieu est l'*īśvara*, « Celui qui dirige », et les êtres distincts, les *jīvas*, « ceux qui sont dirigés ». Seul un insensé se croira libre et ne reconnaîtra pas sa position subordonnée. L'être est en tout point subordonné, au moins dans son existence condition-née. Outre l'*īśvara* et les *jīvas*, la *Bhagavad-gītā* nous entre-tient de la *prakṛti* (la nature matérielle), du temps (la durée totale de l'univers, ou manifestation matérielle), et du karma (l'action) – la manifestation cosmique donnant lieu aux acti-vités innombrables et variées des êtres. Nous devons donc puiser dans cet Écrit la connaissance de Dieu, des êtres, de la *prakṛti*, de la manifestation cosmique, et de la façon dont elle est régie par le temps, et de ce en quoi consiste l'activité des êtres distincts.

La *Bhagavad-gītā*, à partir de ces cinq sujets fonda-mentaux, va démontrer que Dieu est suprême entre tous les êtres – qu'on Le nomme Kṛṣṇa, Brahman, Paramātmā, Souverain Suprême ou tout autrement. Les êtres vivants ne partagent cette souveraineté qu'en qualité. Comme le montreront les derniers chapitres, la nature matérielle est subordonnée au Seigneur Suprême et fonctionne sous Sa direction. Kṛṣṇa n'affirme-t-Il pas : *mayādhyakṣeṇa prakṛtiḥ sūyate sa-carācaram* – « La nature matérielle opère sous Ma direction. » Voir les merveilles de l'univers devrait nous aider à comprendre que derrière la manifestation cosmique se trouve l'être qui a le contrôle de tout. Rien ne saurait exister qui ne soit régi par quelqu'un. Il serait puéril de nier l'existence de ce maître d'œuvre. Un enfant trouvera peut-être extraordinaire qu'une voiture roule d'elle-même, sans traction animale, mais l'adulte, lui, sait que la machine a un moteur, et au-delà, un conducteur. Le Seigneur Suprême est sans conteste le « conducteur » de tout ce qui existe.

Comme nous le verrons dans les derniers chapitres, le Seigneur enseigne que les *jīvas* (les âmes distinctes) sont d'infimes parcelles de Son Être et font partie intégrante de Lui. Tout comme les gouttes d'eau de l'océan sont salées comme lui, tout comme les paillettes d'or sont du même métal précieux que la mine aurifère dont elles proviennent, nous-mêmes possédons les qualités de l'*īśvara* suprême, Kṛṣṇa, Bhagavān, mais à un degré infime, car nous sommes de minuscules *īśvaras*, des *īśvaras* subordonnés, parties intégrantes de Sa personne. Si nous essayons de dominer la nature, comme nous essayons aujourd'hui de devenir maître de l'espace, c'est parce que cette propension à diriger qui est en nous se trouve en Kṛṣṇa. La *Bhagavad-gītā* précise que cette tendance à vouloir régir la nature matérielle ne fait pas de nous pour autant les maîtres suprêmes.

Qu'est-ce que la nature matérielle? La *Gītā* explique que la nature matérielle est ce qu'on appelle la *prakṛti* inférieure tandis que les êtres animés forment la *prakṛti* supérieure. De toute façon, qu'elle soit inférieure ou supérieure, la *prakṛti* opère toujours sous la direction du Seigneur. Étant d'essence féminine, elle Lui est subordonnée comme une épouse à son mari; elle dépend du Seigneur, Son maître.

Nous venons de voir que les entités vivantes et la nature matérielle sont toutes deux dominées, contrôlées par le

Seigneur Suprême et que la *Bhagavad-gītā* range les êtres vivants, bien qu'ils fassent partie intégrante du Seigneur, dans la *prakṛti*. L'un des versets du septième chapitre l'indique clairement : *apareyam itas tv anyāṁ prakṛtiṁ viddhi me parām / jīva-bhūtām* – « La *prakṛti*, la nature matérielle, est Mon énergie inférieure, mais il existe, au-delà de cette nature, une autre *prakṛti*, l'être vivant ou *jīva-bhūtām*. »

Trois modes d'influence ou *guṇas*, la vertu, la passion et l'ignorance, sont inhérents à la nature matérielle. Ces *guṇas* se combinent tous sous le contrôle du temps éternel et sont à l'origine des activités, ou karma. Ces activités ont lieu depuis des temps immémoriaux et nous souffrons ou jouissons de leurs fruits. Ainsi de l'homme d'affaires, par exemple, qui a travaillé dur et intelligemment, et a gagné beaucoup d'argent. Il est heureux de jouir de sa fortune. Mais qu'il vienne à faire faillite, et il sera malheureux. Cette alternance de bonheur et de malheur consécutifs à nos actions est ce qu'on appelle le karma.

D'entre les cinq objets d'étude de la *Bhagavad-gītā*, l'*īśvara* (le Seigneur Suprême), le *jīva* (l'âme distincte), la *prakṛti* (la nature matérielle), le *kāla* (le temps éternel) et le karma (l'action), les quatre premiers existent éternellement. Les manifestations de la *prakṛti*, bien qu'elles soient de nature éphémère, ne sont pas fictives. Il y a bien certains philosophes qui assurent que la manifestation de la nature matérielle est fausse, mais la philosophie *vaiṣṇava*, la philosophie de la *Bhagavad-gītā*, affirme le contraire. La manifestation de l'univers matériel n'est pas fausse. Elle est réelle, mais temporaire. Elle ressemble au nuage qui traverse le ciel ou aux pluies dont se nourrissent les grains. Dès que le nuage s'éloigne ou que la saison des pluies s'achève, les récoltes se dessèchent. La nature matérielle suit un cours semblable :

elle se manifeste, demeure un certain temps puis disparaît. Mais du fait que ce cycle se poursuit sans fin, la *prakṛti* est éternelle et bien réelle. Du reste, le Seigneur l'appelle : « Ma *prakṛti* ». Cette nature matérielle est une énergie séparée du Seigneur, tandis que l'être vivant constitue une énergie qui Lui est éternellement liée. Le Seigneur, les êtres, la nature matérielle et le temps sont donc tous éternels et intimement liés les uns aux autres. Seul le karma, dont les effets peuvent toutefois provenir d'actions très anciennes, n'est pas éternel. Ainsi souffrons-nous ou jouissons-nous des suites de nos actes depuis des temps immémoriaux. Nous pouvons cependant modifier les effets du karma, mais cette modification dépend du degré de perfection de notre savoir. En général, en dépit de l'étendue de nos activités, nous ignorons ce qu'il faut réellement faire pour échapper aux conséquences de nos actes. Mais tout cela sera expliqué dans la *Bhagavad-gītā*.

L'*īśvara*, le Seigneur, est la conscience suprême. Les *jīvas,* les êtres vivants, parce qu'ils font partie intégrante de la Personne Suprême, ont également une conscience. Nous avons vu que si l'être vivant et la nature matérielle sont tous deux *prakṛti,* énergie du Seigneur, seul le *jīva* est conscient. Et parce que sa conscience est analogue à celle du Seigneur, la *jīva-prakṛti* est considérée comme supérieure. Toutefois, même s'il atteint un degré de perfection très élevé, jamais l'être vivant ne deviendra suprêmement conscient. Toute théorie soutenant le contraire est mensongère. Le *jīva* est conscient, mais ne peut l'être suprêmement.

Le treizième chapitre de la *Bhagavad-gītā* établit clairement cette distinction entre le *jīva* et l'*īśvara* : tous deux sont *kṣetra-jñas,* conscients, mais le premier n'est conscient que de son propre corps, tandis que le second a une conscience qui s'étend à la totalité des êtres. Parce qu'Il vit dans son cœur sous la forme du Paramātmā, l'*īśvara* est conscient à chaque instant des conditions psychiques du *jīva* et le guide dans ses moindres désirs. Celui-ci oublie ce qu'il doit faire. Il choisit d'agir de telle ou telle façon, et se retrouve empêtré toujours davantage dans les rets du karma qu'il se crée. Il doit se réincarner, changer de corps vie après vie, comme on met ou enlève un vêtement, et subir les conséquences de ses actes. Il existe pourtant un moyen de changer cela : il suffit de se placer sous l'égide de la vertu et, avec un esprit sain, comprendre quelle sorte d'activité adopter. Ainsi, nos actes présents et les effets de nos actes passés seront modifiés. C'est pour cela que le karma n'est pas éternel, alors que l'*īśvara,* le *jīva,* la *prakṛti* et le temps le sont.

L'être vivant ressemble à l'*īśvara* dans la mesure où leurs consciences sont toutes deux transcendantales. La conscience n'est d'ailleurs pas générée par le contact avec la matière. La *Bhagavad-gītā* réfute la théorie selon laquelle la conscience se développerait sous certaines conditions d'agencement de la matière. Tout comme la lumière réfléchie par un verre teinté peut prendre une couleur différente, la conscience de l'être peut être réfléchie de façon pervertie en raison des circonstances matérielles ; ce qui n'est pas du tout le cas de la conscience du Seigneur. Kṛṣṇa Lui-même l'affirme : *mayādhyakṣeṇa prakṛtiḥ.* Même lorsqu'Il descend dans l'univers matériel, Sa conscience n'en est pas affectée. Si tel était le cas, Il serait indigne d'aborder des sujets transcendantaux comme Il le fait dans la *Bhagavad-gītā.* Il est impossible de parler du monde spirituel tant que la conscience subit l'influence malsaine de la matière. Le Seigneur n'est donc pas contaminé par elle, alors qu'en ce moment notre conscience l'est. La *Bhagavad-gītā* nous conseille de purifier cette conscience souillée par la nature matérielle afin de pouvoir agir selon la volonté de l'*īśvara* et de connaître le bonheur.

Il ne s'agit pas d'arrêter toute action, mais de purifier nos actes, qui prennent alors le nom de *bhakti*. Ces activités dans la *bhakti* peuvent sembler tout à fait ordinaires, mais elles sont en réalité exemptes de toute contamination. Le profane au maigre savoir ne verra aucune différence entre les actions du dévot du Seigneur et celles de l'homme du commun, mais c'est qu'il ignore que, comme ceux du Seigneur, les actes du dévot transcendent les trois *guṇas* et ne sont jamais souillés par une conscience impure.

Aussi longtemps que sa conscience est contaminée par la matière, on dit que l'être est conditionné. Il a une conception erronée de son vrai moi et croit être un produit de la nature matérielle. C'est ce qu'on appelle le faux ego. Celui qui s'identifie ainsi au corps ne peut comprendre ce qu'est sa véritable condition. La *Bhagavad-gītā* a donc été énoncée pour nous libérer de cette conception du soi fondée sur le corps. Arjuna y joue le rôle de l'être conditionné afin de recevoir du Seigneur cette connaissance.

Le premier devoir du spiritualiste est de s'affranchir de ce concept erroné du soi. Pour atteindre la libération, il faut d'abord comprendre que l'on n'est pas le corps physique. *Mukti,* la libération, signifie être libéré de la conscience matérielle. Le *Śrīmad-Bhāgavatam* nous donne cette définition : *muktir hitvānyathā-rūpaṁ svarūpeṇa vyavasthitiḥ* – *mukti* signifie être libéré de la conscience contaminée par le monde matériel et situé dans la pure conscience. Du reste, comme la *Bhagavad-gītā* n'a d'autre objet que de raviver la conscience pure de l'être, il est naturel qu'à la fin de l'ouvrage, Kṛṣṇa demande à Arjuna si sa conscience est maintenant purifiée. Avoir la conscience purifiée indique que l'on agit conformément aux instructions du Seigneur. Pour résumer, nous dirons que faisant partie intégrante de la Personne Suprême, nous sommes nous aussi conscients. Mais nous courons le risque d'être affectés par les *guṇas* inférieurs, quand le Seigneur, par contre, ne peut l'être en aucune façon. C'est là toute la différence entre Kṛṣṇa et les infimes âmes distinctes.

Interrogeons-nous à présent sur ce qu'est vraiment cette conscience. C'est la perception du moi, le fait d'avoir conscience d'exister, d'être « je suis ». Oui, mais qui suis-je ? Avec une conscience contaminée, « je suis » signifie « je suis le seigneur et le bénéficiaire de tout ce qui m'entoure ». Le monde matériel existe d'ailleurs parce que chaque être vivant pense en être le maître et le créateur.

La conscience matérielle repose sur cette double perception : « Je suis le créateur » et « je suis le bénéficiaire ». Mais en fait cela ne s'applique qu'à Kṛṣṇa, car l'être distinct, partie intégrante du Seigneur Suprême, n'est ni le créateur, ni le bénéficiaire, mais le collaborateur. Il est la créature qui contribue au plaisir du créateur. Son destin est de coopérer avec le divin, comme la pièce qui ne fonctionne qu'en parfaite harmonie avec la machine entière, ou la partie du corps qui est toujours solidaire du corps entier. Tout comme on nourrit l'arbre en arrosant ses racines, on entretient le corps en alimentant l'estomac. Les mains, les jambes, les yeux, ne peuvent jouir directement de la nourriture. Ils doivent d'abord l'acheminer vers l'estomac dont l'organisme dépend tout entier. Donc, puisque le Seigneur Suprême est le bénéficiaire et le créateur de tout, les êtres vivants subordonnés qui désirent connaître le vrai bonheur doivent agir pour Le satisfaire. La relation qui unit les êtres distincts au

Seigneur ressemble en effet à celle qui unit le serviteur au maître. Quand le maître est pleinement satisfait, le serviteur l'est aussi. Aussi devons-nous nous efforcer de satisfaire le Seigneur, en dépit de notre tendance à vouloir profiter de l'univers matériel et à nous en croire les créateurs. Cette tendance existe en nous parce qu'à l'origine elle existe en Dieu, le véritable créateur de l'univers.

Nous verrons par conséquent dans la *Bhagavad-gītā* que le Tout complet – c'est-à-dire la Vérité Suprême et Absolue, Śrī Kṛṣṇa, Dieu la Personne Suprême – comprend : le maître Suprême (*īśvara*), les êtres qu'Il domine (*jīvas*), la manifestation cosmique (*prakṛti*), le temps éternel (*kāla*) et l'action (karma). Tout ce qui existe n'est que la manifestation de Ses diverses énergies.

La *Bhagavad-gītā* explique également que le Brahman impersonnel est lui aussi subordonné à cette Personne Suprême et complète (*brahmaṇo hi pratiṣṭhāham*). Le *Brahma-sūtra* développe cette idée en comparant le Brahman aux rayons du soleil; il est la lumière irradiant du Seigneur. La réalisation du Brahman impersonnel n'est donc qu'une réalisation incomplète de la Vérité Absolue, tout comme l'est celle du Paramātmā. On verra dans le quinzième chapitre que Dieu, la Personne Suprême, Puruṣottama, Se situe au-delà des deux. La Personne Suprême est dite *sac-cid-ānanda-vigraha,* ainsi que la décrivent les premiers mots de la *Brahma-saṁhitā* : *īśvaraḥ paramaḥ kṛṣṇaḥ sac-cid-ānanda-vigrahaḥ / anādir ādir govindaḥ sarva-kāraṇa-kāraṇam* – « Kṛṣṇa, Govinda, est la cause de toutes les causes. Il est la cause originelle et la forme même de l'éternité, de la connaissance et de la félicité. » Avec le Brahman impersonnel, on réalise Son éternité (*sat*). Avec le Paramātmā, Sa connaissance et Son éternité (*sat-cit*). Mais en atteignant la réalisation de la Personne Suprême, Kṛṣṇa, on perçoit d'un coup l'ensemble de Ses attributs spirituels, soit le *sat,* le *cit* et l'*ānanda* (l'éternité, la connaissance et la félicité) dans la forme absolue (*vigraha*).

Ceux dont l'intelligence est limitée considèrent la Vérité Suprême comme impersonnelle. Mais Dieu est bien une personne, une personne transcendantale. Toutes les Écritures védiques le confirment. *Nityo nityānāṁ cetanaś cetanānām.* (*Kaṭha Upaniṣad* 2.2.13) De même que nous sommes des êtres individuels, dotés d'une personnalité propre, la Vérité Suprême et Absolue est une personne. La réalisation de la Personnalité de Dieu est la plus complète, car elle inclut tous les aspects transcendantaux de la Vérité Absolue, Sa forme y compris. Le Tout complet n'est pas sans forme, car s'Il l'était, s'Il était inférieur à Sa création, Il ne pourrait être le Tout complet qui doit nécessairement comprendre tant ce qui relève de notre expérience que ce qui dépasse notre entendement.

Ce Tout parfait, Kṛṣṇa, la Personne Suprême, possède de puissantes énergies (*parāsya śaktir vividhaiva śrūyate*) et la *Bhagavad-gītā* explique comment Il agit à travers elles. Le monde phénoménal dans lequel nous vivons est aussi complet en lui-même, car d'après la philosophie du *sāṅkhya,* les vingt-quatre éléments, dont l'univers est une manifestation transitoire, sont assemblés de façon à produire l'ensemble des ressources indispensables à son maintien et à sa subsistance. Rien ne manque, mais rien non plus n'est superflu. Cette manifestation est créée pour un temps déterminé par l'énergie du Tout suprême, puis détruite, toujours selon Son plan parfait. Pour ce qui est des êtres distincts, infimes unités également complètes, il leur est donné toute facilité pour connaître le Tout. S'ils ressentent le moindre manque,

Śrī Śrīmad A. C. Bhaktivedanta Swami Prabhupāda

Acharya-fondateur de l'International Society for Krishna Consciousness

Śrīla Bhaktisiddhānta Sarasvatī Ṭhākura, maître spirituel de Śrī Śrīmad A. C. Bhaktivedanta Swami Prabhupāda.

Śrīla Gaurakiśora Dāsa Bābājī Mahārāja, maître spirituel de Śrīla Bhaktisiddhānta Sarasvatī Ṭhākura et proche disciple de Śrīla Bhaktivinoda Ṭhākura.

Śrīla Bhaktivinoda Ṭhākura, maître spirituel de Śrīla Gaurakiśora Dāsa Bābājī Mahārāja et père de Śrīla Bhaktisiddhānta Sarasvatī Ṭhākura.

Śrīla Rūpa Gosvāmī et Śrīla Sanātana Gosvāmī, les plus proches disciples de Śrī Caitanya Mahāprabhu.

Le champ de bataille de Kurukṣetra, situé à 150 km au nord de Delhi.

Kṛṣṇa explique à Arjuna qu'Il lui révèle ce savoir secret, suprême entre tous, parce qu'il est Son dévot et Son ami. (page 17)

Krsna descend en ce monde pour rappeler à l'homme le but
véritable de l'existence. (page 23)

L'être change de corps vie après vie, tout comme on met ou
enlève un vêtement. (page 26)

Kṛṣṇa avec Ses amis les pâtres dans le monde spirituel.

Le procédé de réalisation spirituelle recommandé pour l'âge dans lequel nous vivons est le chant congrégationnel du mantra Hare Kṛṣṇa : Hare Kṛṣṇa, Hare Kṛṣṇa, Kṛṣṇa Kṛṣṇa, Hare Hare, Hare Rāma, Hare Rāma, Rāma Rāma, Hare Hare.

c'est à cause de leur connaissance imparfaite du Tout complet. À leur intention, la *Bhagavad-gītā* renferme la totalité du savoir védique.

La connaissance védique est complète, infaillible, et les hindous la reconnaissent comme telle. Un exemple peut nous aider à mieux comprendre ce point : d'après les préceptes védiques, la *smṛti,* quiconque touche aux excréments d'animaux doit immédiatement se purifier par un bain. Or, ces mêmes Écritures considèrent la bouse de vache comme un agent purificateur. Cela peut sembler pour le moins contradictoire, mais on l'accepte pourtant car on est assuré en suivant leur enseignement de ne pas se tromper. Or, il se trouve justement que la science moderne a démontré les vertus antiseptiques de la bouse de vache. Ainsi le savoir védique – dont la *Bhagavad-gītā* constitue l'essence – est-il parfait, car il se situe au-delà de l'erreur et de l'incertitude.

Cette connaissance n'est pas le fruit d'une simple recherche, car une recherche est toujours imparfaite puisque effectuée avec des sens imparfaits. Cette connaissance parfaite, dit la *Bhagavad-gītā,* nous vient d'une filiation de maîtres spirituels (*paramparā*), dont le premier chaînon est le maître suprême, le Seigneur Lui-même. C'est donc de cette façon que nous aussi devons la recevoir, à l'imitation d'Arjuna qui accueillit dans sa totalité, sans discuter, l'enseignement de Śrī Kṛṣṇa. Il ne s'agit pas d'accepter une partie de la *Bhagavad-gītā* et d'en rejeter une autre. Non. On doit recevoir ce message sans l'interpréter, sans rien supprimer, sans rien ajouter. Nous devons voir en ce texte sacré la plus parfaite expression du savoir védique, savoir d'origine transcendantale puisque le Seigneur Lui-même fut le premier à l'énoncer. Les paroles du Seigneur sont *apauruṣeya,* c'est-à-dire qu'on ne peut les comparer à celles des hommes conditionnés par la matière, assujettis à quatre imperfections majeures qui les empêchent de délivrer une connaissance parfaite et totale. Ces imperfections consistent à : 1) commettre des erreurs, 2) être victime de l'illusion, 3) avoir tendance à tromper autrui, 4) posséder des sens imparfaits.

Le savoir védique n'a pas été transmis par des êtres soumis à ces imperfections. Brahmā, le premier être créé, le reçut d'abord en son cœur, puis le communiqua à ses fils et disciples tel qu'il lui fut donné par le Seigneur. Dieu, étant *pūrṇam,* « absolument parfait », ne peut tomber sous le coup des lois de la nature matérielle. Aussi devons-nous faire preuve de suffisamment d'intelligence pour comprendre qu'Il est le créateur originel – Celui qui créa même Brahmā – et l'unique possesseur de tout ce qui existe dans l'univers. Dans le onzième chapitre, le Seigneur est appelé *prapitāmaha,* car Il est le créateur de Brahmā que l'on nomme *pitāmaha* (l'aïeul). Nous ne devons donc pas nous proclamer propriétaires de quoi que ce soit et devons nous contenter de la part qui nous est assignée par le Seigneur pour subvenir à nos besoins.

La *Bhagavad-gītā* nous apprend de quelle façon utiliser cette part qui nous est dévolue. Avant que la bataille ne commence, Arjuna, de son propre chef, décide de ne pas combattre car il lui serait impossible de jouir d'un royaume conquis au prix de la vie des siens. Cette décision repose sur son identification au corps et son désir de répondre à ses demandes. Il s'identifie à son enveloppe charnelle et considère que ceux qui s'y rattachent sont ses frères, ses beaux-frères, ses neveux, ses aïeux, etc. C'est pourquoi, afin de modifier sa façon de voir les choses, le Seigneur lui énonce la *Bhagavad-gītā.* Et finalement Arjuna décide de combattre suivant Ses directives : *kariṣye vacanaṁ tava* – « J'agirai selon Tes instructions. »

Les hommes ne doivent pas passer leur vie à se quereller comme chiens et chats. Ils doivent user de leur intelligence pour réaliser l'importance de la forme humaine et ne pas se comporter comme des animaux. L'être humain doit saisir le véritable sens de la vie, ainsi que l'indiquent les Écritures védiques et en particulier la *Bhagavad-gītā* qui en est l'essence. Ces écrits s'adressent aux hommes, non aux bêtes. Un animal peut en tuer un autre sans qu'il soit question de péché. Mais qu'un homme, par simple gourmandise, tue un animal et il se rend coupable de violation d'une des lois de la nature. La *Gītā* explique clairement que chacun agit et se nourrit en fonction des divers modes d'influence de la nature ; elle décrit en outre les actes et les aliments correspondant à la vertu, la passion et l'ignorance. Si nous tirons parti de tels enseignements, notre vie entière sera purifiée et nous pourrons dès lors atteindre l'ultime destination, au-delà de l'univers matériel temporaire, en un lieu appelé *sanātana-dhāma,* le royaume spirituel éternel (*yad gatvā na nivartante tad dhāma paramaṁ mama*).

Les lois du monde matériel veulent que tout naisse, subsiste quelque temps, se reproduise, dépérisse puis disparaisse. Nul corps n'y échappe, qu'il soit humain, animal ou végétal. Mais nous savons qu'au-delà de ce monde éphémère s'en trouve un autre de nature éternelle (*sanātana*). Le Seigneur et les *jīvas* sont d'ailleurs également décrits dans le onzième chapitre, comme étant *sanātanas*.

Du fait que le monde spirituel, la Personne Suprême et les êtres vivants sont tous de nature *sanātana,* une relation intime nous unit au Seigneur. La *Bhagavad-gītā* a pour but de nous aider à recouvrer notre fonction éternelle, le *sanātana-dharma.* Nous nous livrons pour le moment à des occupations temporelles de toutes sortes. Or, pour mener une vie pure, il nous faut purifier nos actes en délaissant ce qui est temporaire et en accomplissant ce qui est prescrit par le Seigneur Suprême.

Kṛṣṇa, Sa demeure absolue, les entités vivantes, sont tous *sanātanas,* et l'union des êtres et du Seigneur Suprême dans la demeure *sanātana* correspond à la perfection de la vie humaine. Le Seigneur est très bon envers les êtres vivants parce qu'ils sont Ses fils. Dans la *Bhagavad-gītā,* Kṛṣṇa déclare : *sarva-yoniṣu [...] ahaṁ bīja-pradaḥ pitā* – « Je suis le père de tous les êtres. »

Évidemment, il existe une multitude d'entités vivantes en raison de la variété de leur karma, mais Kṛṣṇa n'en demeure pas moins le père de toutes. Il descend en ce monde afin de rappeler à Lui les âmes déchues conditionnées par la matière et les ramener dans leur demeure éternelle où elles retrouvent leur fonction *sanātana* en la compagnie éternelle du Seigneur. Pour sauver ces âmes, Kṛṣṇa vient Lui-même dans Sa forme originelle ou en diverses autres formes, ou bien dépêche Ses serviteurs intimes – dans le rôle de Son fils, par exemple – ou Ses compagnons, Ses représentants qualifiés, les *ācāryas.*

Ainsi, le *sanātana-dharma* ne désigne pas une religion sectaire, mais la fonction éternelle de chaque être en relation avec le Seigneur. Śrīpāda Rāmānujācārya donne du mot *sanātana* la définition suivante : « Ce qui n'a ni commencement ni fin ». C'est en ces termes, en se basant sur l'autorité de ce grand sage, que nous en parlerons nous aussi. Par ailleurs, le mot français « religion » n'a pas exactement le même sens que *sanātana-dharma,* car il comporte l'idée d'une foi – et une foi peut changer. On peut appartenir à une certaine confession, puis l'abandonner pour en adopter une autre. Or, le *sanātana-dharma,* par définition, est immuable.

On ne peut enlever à l'âme sa fonction éternelle, pas plus que sa liquidité à l'eau ou que sa chaleur au feu. Le *sanātana-dharma* est inhérent à l'être, éternellement. Nous acceptons la définition de Śrīpāda Rāmānujācārya, selon laquelle Il n'a ni début ni fin. Il ne peut donc être sectaire, puisqu'il ne connaît aucune limite. Ceux qui se rangent derrière une croyance sectaire feront l'erreur de croire que le *sanātana-dharma* l'est aussi. Mais en réfléchissant profondément à la question, à la lumière de la science moderne, on réalisera que le *sanātana-dharma* est l'affaire de tous les êtres – non seulement l'affaire de toute l'humanité de cette planète, mais celle de tous les êtres de l'univers entier.

Il est possible de retrouver l'origine historique de toutes les religions, mais pas celle du *sanātana-dharma*, car il est pour chacun une réalité éternelle et immanente. Les Écritures révélées (*śāstras*) n'affirment-elles pas que l'être n'est astreint ni à la naissance ni à la mort ? L'âme ne naît ni ne meurt, dit la *Bhagavad-gītā* ; éternelle et indestructible, elle survit à la mort du corps matériel temporaire.

La racine sanskrite du mot *sanātana-dharma* peut nous aider à comprendre ce qu'est vraiment la religion. Le mot *dharma* désigne la nature intrinsèque d'un objet donné. Chaleur et lumière, par exemple, ne peuvent être dissociées du feu ; sans elles, le mot « feu » n'a plus aucun sens. Ainsi devons-nous découvrir la qualité essentielle de l'être, qualité qui toujours l'accompagne et constitue sa nature éternelle. Cette nature éternelle est sa religion éternelle.

Lorsque Sanātana Gosvāmī s'enquit auprès de Caitanya Mahāprabhu de la *svarūpa,* la condition intrinsèque de l'être vivant, celui-ci répondit que sa nature essentielle est de servir Dieu, la Personne Suprême. On voit sans peine, à la lumière de cette affirmation, que chaque être en sert un autre. C'est ainsi qu'il jouit de la vie. L'animal sert l'homme, comme un serviteur son maître. A sert B, qui sert C, lequel à son tour sert D, etc. L'ami sert l'ami, la mère son fils, l'épouse son mari et le mari sa femme... Tous les êtres vivants, sans exception, sont impliqués dans le service d'autrui. Lorsqu'un politicien présente son programme, c'est pour convaincre l'électorat de son aptitude à le servir. Et c'est dans l'espoir de recevoir ses précieux services que les électeurs lui accorderont leur suffrage. Le marchand sert ses clients, l'artisan sert l'homme d'affaires, l'homme d'affaires sert sa famille, laquelle à son tour sert l'État. Il y a, par conséquent, d'une façon ou d'une autre, une tendance naturelle et éternelle en chaque être qui l'incite à servir. Nul n'y échappe. Aussi peut-on dire en guise de conclusion que cette attitude de service est inhérente à l'être vivant, qu'elle constitue sa religion éternelle.

Pourtant, suivant les circonstances, l'époque et le lieu, les hommes professent une foi particulière (christianisme, hindouisme, islamisme, bouddhisme ou autre). Mais de telles désignations n'ont rien à voir avec le *sanātana-dharma*. Un hindou peut fort bien se convertir à l'islam, un musulman à l'hindouisme, ou un chrétien à telle ou telle autre religion sans que jamais ces changements n'affectent leur disposition éternelle à servir autrui. Le chrétien, l'hindou, le musulman seront toujours les serviteurs de quelqu'un. Professer le *sanātana-dharma* ne signifie donc pas épouser une confession religieuse particulière. Non. Professer le *sanātana-dharma* signifie servir, tout simplement.

En vérité, c'est une relation de service qui nous lie au Seigneur. Dieu est le bénéficiaire suprême, et nous sommes Ses serviteurs. Nous sommes créés pour Son plaisir. Aussi devons-nous concourir à Sa félicité éternelle pour connaître le bonheur. Nous ne saurions être heureux sans Lui, à l'instar des différentes parties du corps qui ne peuvent obtenir une quelconque satisfaction quand elles se refusent à contenter l'estomac. Il est impossible d'être heureux sans servir le Seigneur Suprême dans l'amour et la transcendance.

La *Bhagavad-gītā* réprouve le service ou l'adoration des *devas*. On peut lire à ce propos dans le septième chapitre, verset vingt :

> *kāmais tais tair hṛta-jñānāḥ, prapadyante 'nya-devatāḥ*
> *taṁ taṁ niyamam āsthāya, prakṛtyā niyatāḥ svayā*

« Ceux dont l'intelligence a été ravie par les désirs matériels s'abandonnent aux *devas* et suivent les divers rites cultuels correspondant à leur nature propre. » Il est dit ici sans détours que les hommes sont incités par la convoitise à rendre un culte aux *devas* plutôt qu'à Kṛṣṇa, le Seigneur Suprême. Encore une fois, précisons que notre usage du nom de Kṛṣṇa n'implique rien de sectaire ; *kṛṣṇa* signifie « la plus haute joie », et les Écritures confirment que le Seigneur Suprême est le réservoir de toute joie : *Ānanda-mayo 'bhyā-sāt* (*Vedānta-sūtra* 1.1.12).

Les êtres distincts, à l'image du Seigneur, sont pleinement conscients et recherchent tous le bonheur. La Personne Suprême jouissant d'un bonheur éternel, les êtres distincts connaîtront un bonheur identique s'ils Le servent et vivent en Sa compagnie.

Le Seigneur descend en ce monde mortel pour y dévoiler Ses joyeux divertissements. Quand Il vivait à Vṛndāvana avec Ses amis pâtres et pastourelles, parmi les vaches et les villageois qui tous ne vivaient que pour Lui, chacune de Ses activités était empreinte de félicité.

Un jour, Kṛṣṇa dissuada Son père Nanda Mahārāja d'offrir un culte au *deva* Indra, car Il voulut instituer le fait qu'il n'est pas nécessaire d'adorer les *devas*. Seul le Seigneur Suprême doit être adoré puisque le but ultime de l'existence est de retourner auprès de Lui, en Sa demeure, demeure que la *Bhagavad-gītā* décrit au verset six du chapitre quinze :

na tad bhāsayate sūryo, na śaśāṅko na pāvakaḥ
yad gatvā na nivartante, tad dhāma paramaṁ mama

« Ce royaume suprême, le Mien, ni le soleil ni la lune, ni le feu ou l'électricité ne l'éclairent. Pour qui l'atteint, il n'est point de retour en ce monde. »

Ce verset nous dépeint le ciel éternel. Bien sûr, nous avons une conception matérielle du ciel, nous ne pouvons concevoir que celui que nous voyons, avec son soleil, sa lune, ses étoiles... Mais Kṛṣṇa affirme ici que le ciel éternel, le monde spirituel, n'a besoin ni du soleil, ni de la lune, de l'électricité, du feu ou de quelque autre énergie lumineuse pour l'éclairer, car il est illuminé par le *brahma-jyoti*, l'éclatante radiance qui émane de Son corps. Dire que nous peinons pour atteindre d'autres planètes, alors qu'il est si facile de concevoir la planète du Seigneur. On l'appelle Goloka et la *Brahma-saṁhitā* (5.37) la décrit de fort belle manière : *goloka eva nivasaty akhilātma-bhūtaḥ.*

Bien que le Seigneur réside éternellement dans Son royaume de Goloka, nous pouvons L'approcher, et pour nous y aider Il manifeste au monde Sa forme réelle, *sac-cid-ānanda-vigraha*. Il nous évite de nous perdre en conjectures sur ce que peut être Son apparence, en Se montrant à nous tel qu'Il est dans Sa forme de Śyāmasundara. Hélas, quand Il vient à nous semblable à un humain, qu'Il Se divertit en notre compagnie, les sots Le dénigrent. Sa descente en ce monde ne devrait pourtant pas nous amener à Le prendre pour un homme ordinaire. C'est grâce à Sa toute-puissance qu'Il nous révèle Sa forme véritable et nous montre Ses divertissements, les mêmes que ceux auxquels Il Se livre dans Son royaume.

Du royaume divin, Kṛṣṇaloka ou Goloka, émane le *brahmajyoti*, l'éblouissante lumière du monde transcendantal où baignent les planètes spirituelles de nature *ānanda-maya* et *cin-maya*. Le Seigneur affirme que « quiconque atteint le monde spirituel ne revient jamais plus dans l'univers matériel » – *na tad bhāsayate sūryo na śaśāṅko na pāvakaḥ / yad gatvā na nivartante tad dhāma paramaṁ mama*. Dans le monde matériel, même si nous atteignons la plus haute planète (Brahmaloka) – que dire donc de la lune –, nous retrouvons les contingences propres aux planètes matérielles, à savoir la naissance, la maladie, la vieillesse et la mort.

S'ils le désirent, les êtres vivants peuvent voyager d'une planète à l'autre, mais cela ne peut être accompli par des moyens mécaniques. Le processus est donné dans la Gītā : *yānti deva-vratā devān pitṝn yānti pitṛ-vratāḥ*. Les Écritures védiques nous apprennent que notre univers se divise en trois systèmes planétaires : le supérieur, l'intermédiaire et l'inférieur. Le soleil et la lune appartiennent au premier, la terre au second. Donc, pour atteindre les planètes supérieures (Devaloka ou Svargaloka), que ce soit la lune, le soleil ou autre, il suffit de rendre un culte au *deva* qui régit chacune d'elles.

La *Bhagavad-gītā* toutefois nous déconseille d'agir ainsi car quand bien même atteindrait-on la plus haute, Brahmaloka – voyage qui par des moyens mécaniques demanderait peut-être 40 000 ans, et qui vivrait assez vieux ? – on sera toujours confronté à la naissance, la vieillesse, la maladie et la mort. Par contre, celui qui atteindra Kṛṣṇaloka ou toute autre planète du monde spirituel ne connaîtra plus les souffrances matérielles que nous venons d'énumérer.

Rappelons qu'entre toutes les planètes du monde spirituel, la planète suprême est Goloka Vṛndāvana, ou Kṛṣṇaloka, la demeure primordiale de Dieu, la Personne Suprême et originelle. Ainsi la *Bhagavad-gītā* nous instruit-elle sur tous ces sujets et nous apprend comment quitter le monde de la matière pour entamer une vie véritablement heureuse dans le monde spirituel.

La véritable image de l'univers matériel nous est donnée dans le quinzième chapitre de la *Bhagavad-gītā* (15.1) :

ūrdhva-mūlam adhaḥ-śākham, aśvatthaṁ prāhur avyayam
chandāṁsi yasya parṇāni, yas taṁ veda sa veda-vit

Le monde matériel est ici comparé à un arbre dont les racines pointent vers le haut et les branches vers le bas. Nous connaissons des arbres dont les racines pointent vers le haut : il s'agit de ceux que l'on voit se refléter dans l'eau des lacs ou des rivières ; leurs racines sont tournées vers le haut et leurs branches vers le bas. De la même manière, le monde matériel est le reflet du monde spirituel, l'ombre de la réalité. Une ombre n'a ni substance ni réalité, mais elle indique qu'il existe par ailleurs un objet bien réel. S'il n'y a pas d'eau dans le désert, les mirages indiquent que l'eau existe pourtant. Ainsi en est-il du bonheur : on ne peut le trouver dans le monde matériel pas plus qu'on ne peut trouver d'eau dans le désert. Il existe toutefois bel et bien dans le monde spirituel.

Ce monde, Kṛṣṇa nous indique comment l'atteindre :

nirmāna-mohā jita-saṅga-doṣā
adhyātma-nityā vinivṛtta-kāmāḥ
dvandvair vimuktāḥ sukha-duḥkha-saṁjñair
gacchanty amūḍhāḥ padam avyayaṁ tat
(*B.g.* 15.5)

En nous affranchissant de l'illusion et du désir de prestige (*nirmāna-moha*), nous atteindrons le royaume éternel (*padam avyayam*). Ici-bas, chacun a tendance à rechercher des titres honorifiques : l'un veut le prestige de la noblesse, l'autre de la richesse, un autre du pouvoir, en devenant roi, président, etc. Être attaché à des désignations qui ne concernent que l'enveloppe corporelle traduit notre attachement au corps. Le premier pas dans la réalisation spirituelle sera donc de réaliser que nous sommes distincts du corps. Pour l'heure, nous sommes sous l'emprise des trois *guṇas*, mais le service de dévotion nous en libérera. Ce n'est qu'en nous attachant au service de dévotion du Seigneur que nous pourrons nous détacher des trois *guṇas*. L'attrait pour les distinctions honorifiques et l'attachement sont le fruit de la concupiscence et du désir de dominer la nature matérielle. Or nous retournerons au royaume éternel de Dieu, le *sanātana-dhāma*, qui jamais ne connaît la destruction, qu'à condition de se défaire de cette tendance. Seul l'atteindra celui qui sert le Seigneur Suprême et qui ne s'égare pas dans les faux plaisirs.

La *Bhagavad-gītā* (8.21) ajoute encore :

avyakto 'kṣara ity uktas, tam āhuḥ paramāṁ gatim
yaṁ prāpya na nivartante, tad dhāma paramaṁ mama

Avyakta signifie non manifesté. Il nous faut reconnaître que même le monde matériel n'est pas entièrement manifesté à nos yeux. Nos sens sont si imparfaits qu'il nous est impossible, par exemple, de voir toutes les étoiles du firmament. Les Écritures védiques donnent de nombreuses descriptions des différentes planètes, descriptions que nous sommes libres ou non d'accepter. Le *Śrīmad-Bhāgavatam*, tout particulièrement, décrit les planètes les plus importantes de l'univers ainsi que le monde spirituel qui se trouve au-delà de la sphère matérielle, un monde dit *avyakta,* non manifesté. On devrait avoir un profond désir d'atteindre ce royaume suprême, car celui qui l'atteint ne retourne pas dans le monde matériel.

Le verset cinq du chapitre huit nous explique comment atteindre la demeure du Seigneur :

anta-kāle ca mām eva, smaran muktvā kalevaram
yaḥ prayāti sa mad-bhāvam, yāti nāsty atra samśayaḥ

« Celui qui, à la fin de sa vie, quitte son corps en pensant à Moi seul partage aussitôt Ma nature, n'en doute pas. » Celui qui à l'instant précis de la mort pense à la forme personnelle de Kṛṣṇa ira à Lui dans le monde spirituel. *Mad-bhāvam* désigne la nature absolue de l'Être Suprême et *sac-cid-ānanda-vigraha* Sa forme d'éternité, de connaissance et de félicité. Notre corps présent, au contraire, est *asat,* périssable et non pas éternel, et *acit,* plein d'ignorance et non de savoir, car non seulement ignorons-nous tout du monde spirituel, mais notre connaissance du monde matériel est elle-même incomplète. Il est *nirānanda,* siège de la souffrance et non de la joie, attendu que tous nos tourments ici-bas viennent de lui. Mais celui qui pense à Kṛṣṇa, à Dieu, au moment de la mort, obtient aussitôt un corps *sac-cid-ānanda.*

Nous revêtons ou abandonnons le corps matériel selon des lois bien précises. À notre mort, notre prochain corps est déterminé par des autorités supérieures en fonction des activités que nous avons accomplies dans cette vie. Suivant ce que furent nos actes passés, nous serons élevés ou rabaissés. Ainsi pouvons-nous dire que nous préparons dès aujourd'hui notre vie future. C'est pourquoi une existence qui vise l'élévation au royaume de Dieu nous garantit après la mort l'obtention d'un corps spirituel semblable à celui du Seigneur.

Comme nous l'avons déjà spécifié, il existe diverses catégories de spiritualistes : les *brahma-vādis*, les *paramātmā-vādīs* et les dévots du Seigneur. Nous avons vu également que l'on trouve dans le *brahmajyoti* – le ciel spirituel – une multitude de planètes spirituelles, en nombre infiniment plus grand que dans l'univers matériel. Ce dernier, malgré ses milliards d'univers, de planètes, de soleils et de lunes ne représente qu'un quart de l'entière création (*ekāṁśena sthito jagat*), car la plus grande partie se trouve dans le ciel spirituel. Celui qui désire se fondre dans l'existence du Brahman Suprême est transféré dans le *brahmajyoti* et atteint ainsi le ciel spirituel. Le dévot, qui désire la compagnie du Seigneur, est conduit sur l'une des innombrables planètes Vaikuṇṭhas où se trouvent Ses émanations plénières Nārāyaṇa, dotées de quatre bras et portant les noms de Pradyumna, Aniruddha, Govinda, etc.

Au moment de la mort, le spiritualiste pense soit au *brahmajyoti,* soit au Paramātmā, soit à la Personne Suprême, Śrī Kṛṣṇa. Dans un cas comme dans l'autre, il gagne le ciel spirituel. Mais seul le dévot, lequel est en contact personnel avec le Seigneur, se rend sur les planètes Vaikuṇṭhas ou sur Goloka Vṛndāvana. « N'en doute pas », dit Kṛṣṇa. Comme Arjuna qui déclare au Seigneur qu'il accepte tout ce qu'Il lui a dit, nous devons avoir foi dans les paroles de Kṛṣṇa, même si elles ne correspondent pas à ce que nous nous imaginons. Ainsi, quand Kṛṣṇa affirme que quiconque se souvient de Lui à l'heure de la mort, en tant que Brahman, Paramātmā ou Bhagavān, pénètre le ciel spirituel, Ses paroles ne sauraient être mises en doute.

La *Bhagavad-gītā* (8.6) explique comment il est possible d'entrer dans le royaume de Dieu simplement en pensant à Lui au moment de la mort.

yaṁ yaṁ vāpi smaran bhāvaṁ, tyajaty ante kalevaram
taṁ tam evaiti kaunteya, sadā tad-bhāva-bhāvitaḥ

« L'état de conscience dont on conserve le souvenir à l'instant de quitter le corps détermine la condition d'existence future. » Il faut d'abord bien comprendre que la nature matérielle est le déploiement de l'une des multiples énergies du Seigneur Suprême, lesquelles sont ainsi décrites dans le *Viṣṇu Purāṇa* (6.7.61) :

viṣṇu-śaktiḥ parā proktā, kṣetra-jñākhyā tathā parā
avidyā-karma-saṁjñānyā, tṛtīyā śaktir iṣyate

Les énergies du Seigneur sont innombrables et inconcevables, mais de grands érudits, qui furent à la fois de grands sages et des âmes libérées, les ont étudiées puis classées en trois groupes. Toutes sont autant d'aspects différents de la *viṣṇu-śakti,* la puissance du Seigneur, Viṣṇu. D'entre Ses puissances, l'énergie supérieure est désignée comme *parā,* purement spirituelle. Nous l'avons déjà mentionné, les êtres distincts appartiennent à cette énergie. Les autres énergies, ou énergies matérielles, sont soumises à l'ignorance. Ainsi, au moment de la mort, soit nous demeurons au cœur de l'énergie inférieure, le monde matériel, soit nous sommes transférés dans l'énergie supérieure, le monde spirituel.

Dans notre existence, nous pensons soit à l'énergie matérielle soit à l'énergie spirituelle. Mais comment transférer nos pensées du matériel au spirituel quand on sait qu'à l'heure actuelle la plupart des publications – journaux, romans, revues – encombrent notre esprit de pensées matérielles ? La réponse est simple : il faut tout simplement nous en détourner et porter notre attention sur les Écrits védiques comme les *Purāṇas,* écrits à cette fin par les grands sages.

Ces recueils sacrés ne sont pas des œuvres imaginées. Ce sont tous des documents historiques. Un verset du *Caitanya-caritāmṛta* (*Madhya* 20.122) nous dit :

māyā-mugdha jīvera nāhi svataḥ kṛṣṇa-jñāna
Jīvere kṛpāya kailā kṛṣṇa veda-purāṇa

Les âmes conditionnées ont oublié leur relation avec le Seigneur Suprême. Elles ne se préoccupent que des seules activités matérielles. Aussi Kṛṣṇa-dvaipāyana Vyāsa leur donna-t-il un très grand nombre d'Écrits védiques pour qu'elles puissent s'intéresser au monde spirituel. Il divisa d'abord le Véda originel en quatre parties qu'il expliqua dans les *Purāṇas,* puis pour la masse des gens, il écrivit le *Mahābhārata* dont fait partie la *Bhagavad-gītā.* Il résuma ensuite l'ensemble de ces Écrits védiques dans le *Vedānta-sūtra,* et pour guider les générations à venir en fit un commentaire : le *Śrīmad-Bhāgavatam.* Nous devons toujours nous absorber dans la lecture de ces ouvrages, exactement comme les matérialistes se plongent dans les journaux, les magazines ou autres écrits. Ainsi serons-nous capables de nous souvenir du Seigneur à l'heure de notre mort. Lui-même recommande expressément cette voie, et par l'emploi du mot « inéluctablement » dans le verset sept du chapitre huit, Il garantit la pleine efficacité de la méthode.

tasmāt sarveṣu kāleṣu, mām anusmara yudhya ca
mayy arpita-mano-buddhir, mām evaiṣyasy asaṁśayaḥ

« Tu dois donc remplir ton devoir de guerrier en pensant constamment à Moi, en Ma forme personnelle de Kṛṣṇa. En Me dédiant tes actes, en concentrant sur Moi ton mental et ton intelligence, tu viendras à Moi inéluctablement. »

Kṛṣṇa ne conseille pas à Arjuna d'abandonner son devoir

pour se souvenir de Lui. Non. Il ne propose jamais rien qui ne soit réalisable. Pour survivre en ce monde matériel, nous devons travailler. C'est d'ailleurs l'une des raisons pour laquelle la société humaine est divisée en quatre groupes – les *brāhmaṇas* (sages et érudits), les *kṣatriyas* (administrateurs et hommes de guerre), les *vaiśyas* (agriculteurs et commerçants) et les *śūdras* (ouvriers et artisans). Ouvriers, marchands, soldats, administrateurs ou fermiers, hommes de lettres, savants ou théologiens, tous doivent remplir leurs devoirs professionnels pour vivre. Kṛṣṇa ne souhaite donc pas qu'Arjuna délaisse ses devoirs, mais bien plutôt qu'il les accomplisse en pensant à Lui (*mām anusmara*). S'il ne s'applique pas dans sa lutte pour l'existence à penser au Seigneur, comment pourra-t-il se Le rappeler au moment de la mort? Śrī Caitanya nous a donné le même conseil: *kīrtanīyaḥ sadā hariḥ*. On doit toujours chanter ou réciter les saints noms du Seigneur. Le nom du Seigneur et le Seigneur Lui-même n'étant pas différents, l'instruction que Kṛṣṇa donne à Arjuna «souviens-toi de Moi» et celle que donne Śrī Caitanya «chante constamment les noms de Kṛṣṇa» ne sont qu'une seule et même instruction. Kṛṣṇa et Ses saints noms sont une seule et même chose, car au niveau absolu, il n'y a aucune différence entre l'objet et le nom qui le désigne. C'est pourquoi il faut s'exercer à se souvenir constamment du Seigneur, à chaque heure du jour et de la nuit, par le chant ou la récitation assidue de Ses saints noms et le choix d'un mode de vie adapté.

Mais comment cela est-il possible? Les *ācāryas* nous donnent cet exemple: quand une femme mariée s'attache à un autre homme que son époux, ou un homme à une autre femme, le sentiment qui les anime est puissant. Sous l'influence d'un tel attachement, on pensera constamment à l'être aimé. Tout en accomplissant ses tâches quotidiennes, l'épouse pensera toujours à cet instant où elle pourra rencontrer son amant, et soignera plus que jamais son travail pour que son mari ne soupçonne rien de sa liaison. De même devons-nous penser à chaque instant à l'objet suprême de l'amour, Kṛṣṇa, tout en remplissant aussi parfaitement que possible nos devoirs matériels. Il nous faut toutefois, pour y parvenir, développer un fort sentiment d'amour. Arjuna pensait constamment à Kṛṣṇa, et bien qu'il fût un guerrier, il était son compagnon de tous les instants. Le Seigneur ne lui conseille pas d'abandonner la lutte et de se retirer dans une forêt pour méditer. D'ailleurs, Arjuna s'était déclaré inapte à pratiquer un tel yoga après que Kṛṣṇa le lui eut décrit :

arjuna uvāca
yo 'yaṁ yogas tvayā proktaḥ, sāmyena madhusūdana
etasyāhaṁ na paśyāmi, cañcalatvāt sthitiṁ sthirām

« Arjuna dit : Ce yoga que Tu as décrit, ô Madhusūdana, me semble impraticable, car le mental est instable et capricieux. » (*B.g.* 6.33)

Et le Seigneur déclare :

yoginām api sarveṣām, mad-gatenāntar-ātmanā
śraddhāvān bhajate yo māṁ, sa me yukta-tamo mataḥ

« Et de tous les *yogīs*, celui qui, avec une foi totale, demeure toujours en Moi et médite sur Moi en Me servant avec amour, celui-là est le plus grand et M'est le plus intimement lié. Tel est Mon avis. » (*B.g.* 6.47) Celui dont la pensée reste toujours fixée sur le Seigneur Suprême est donc à la fois le plus grand *yogī*, le plus grand *jñānī* et le plus grand dévot. Le Seigneur dit en outre à Arjuna qu'en tant que *kṣatriya*, il ne peut renoncer à son devoir de combattant, mais que s'il lutte en pensant au

Seigneur, il sera capable de se souvenir de Lui au moment de la mort. Il faut pour cela s'abandonner complètement à Dieu en se consacrant à Son service d'amour transcendantal.

Nos actes ne relèvent pas seulement du corps, ils dépendent surtout du mental et de l'intelligence. Si nous fixons notre mental et notre intelligence sur le Seigneur Suprême, nos sens suivront et s'engageront à leur tour à Son service. Nos actes sembleront identiques, mais notre conscience aura changé. La *Bhagavad-gītā* nous enseigne comment absorber notre mental et notre intelligence dans la pensée du Seigneur, car une telle absorption mène au royaume de Dieu. Si le mental est dédié au service de Kṛṣṇa, les sens le seront automatiquement aussi. En l'absorption totale en Śrī Kṛṣṇa résident le secret et l'art de la *Bhagavad-gītā*.

L'homme moderne a fait d'énormes efforts pour atteindre la lune, mais il n'a guère œuvré pour son élévation spirituelle. C'est pourquoi, s'il lui reste cinquante ans à vivre, il doit utiliser ce court laps de temps à cultiver le souvenir de la Personne Suprême par la pratique du service de dévotion.

śravaṇaṁ kīrtanaṁ viṣṇoḥ, smaraṇaṁ pāda-sevanam
arcanaṁ vandanaṁ dāsyaṁ, sakhyam ātma-nivedanam
(Śrīmad-Bhāgavatam 7.5.23)

Ces neuf pratiques, dont la plus simple (*śravaṇam*) consiste à écouter le message de la *Bhagavad-gītā* des lèvres d'une âme réalisée, nous aideront à toujours absorber nos pensées en l'Être Suprême. Nous pourrons alors nous souvenir constamment de Lui et, en quittant notre corps de matière, obtenir un corps spirituel qui nous permettra de vivre auprès de Lui.

Le Seigneur dit encore :

abhyāsa-yoga-yuktena, cetasā nānya-gāminā
paramaṁ puruṣaṁ divyaṁ, yāti pārthānucintayan

« Celui qui médite sur Moi, la Personne Suprême, et toujours se souvient de Moi, sans jamais dévier, celui-là vient à Moi sans nul doute, ô Pārtha. » (*B.g.* 8.8) La méthode est simple. Il nous faut toutefois, pour l'apprendre, approcher une personne expérimentée, une personne qui la pratique déjà : *tad vijñānārtham sa gurum evābhigacchet.* Le mental allant sans cesse d'un objet à l'autre, il faut s'exercer à le fixer sur la forme ou le nom du Seigneur Suprême, Śrī Kṛṣṇa. Le mental est instable et fébrile de nature, mais il peut trouver l'apaisement dans la vibration spirituelle. On doit donc méditer sur le *paramaṁ puruṣam,* la Personne Suprême, dans le monde spirituel, et ainsi parvenir jusqu'à Lui.

La *Bhagavad-gītā* nous indique avec précision la voie à suivre et les moyens d'obtenir la réalisation suprême, le but ultime. Les portes de ce savoir sont ouvertes à tous. Les hommes de toute condition sociale ou culturelle peuvent approcher le Seigneur en pensant à Lui, car écouter ce qui se rapporte à Dieu ou simplement penser à Lui est accessible à tous. Kṛṣṇa dit en effet dans la *Bhagavad-gītā* (9.32–33) :

māṁ hi pārtha vyapāśritya, ye 'pi syuḥ pāpa-yonayaḥ
striyo vaiśyās tathā śūdrās, te 'pi yānti parāṁ gatim

kiṁ punar brāhmaṇāḥ puṇyā, bhaktā rājarṣayas tathā
anityam asukhaṁ lokam, imaṁ prāpya bhajasva mām

Le Seigneur affirme qu'un marchand, une femme, un ouvrier ou même un homme situé au plus bas échelon de l'humanité peuvent atteindre le Suprême. Il n'est pas indispensable d'être doté d'une intelligence supérieure, mais il faut par contre impérativement adopter les principes du *bhakti-yoga* et faire du Seigneur l'objectif premier, le but ultime de notre vie. Quiconque suivra les enseignements de la *Bhagavad-gītā* atteindra la perfection de l'existence et en aura définitivement résolu tous les problèmes. Telle est la substance, l'essence de la *Bhagavad-gītā*.

Nous dirons en guise de conclusion que la *Bhagavad-gītā* est un texte transcendantal qu'il faut lire avec le plus grand soin. *Gītā-śāstram idaṁ puṇyaṁ, yaḥ paṭhet prayataḥ pumān,* dit la *Gītā-māhātmya* (1). Celui qui suit sincèrement les instructions de la *Bhagavad-gītā* est délivré de toute souffrance et de toute angoisse. *Bhaya-śokādi-varjitaḥ* – il sera libéré de ses craintes dans cette vie et sa prochaine existence sera spirituelle.

La *Gītā-māhātmya* (2) ajoute :

> *gītādhyāyana-śīlasya, prāṇāyama-parasya ca*
> *naiva santi hi pāpāni, pūrva-janma-kṛtāni ca*

« Qui lit la *Bhagavad-gītā* avec sincérité et grand sérieux est affranchi, par la grâce du Seigneur, des conséquences de ses fautes passées. » Le Seigneur proclame dans le dernier chapitre de la *Bhagavad-gītā* (18.66) :

> *sarva-dharmān parityajya, mām ekaṁ śaraṇaṁ vraja*
> *ahaṁ tvāṁ sarva-pāpebhyo, mokṣayiṣyāmi mā śucaḥ*

« Laisse là toutes formes de pratique religieuse et abandonne-toi simplement à Moi. Je te délivrerai de toutes les suites de tes fautes. N'aie nulle crainte. » Ainsi, le Seigneur prend la responsabilité de celui qui s'abandonne à Lui et le libère des conséquences de ses fautes. Puis la *Gītā-māhātmya* (3) poursuit ainsi :

> *mala-nirmocanaṁ puṁsāṁ, jala-snānaṁ dine dine*
> *sakṛd gītāmṛta-snānaṁ, saṁsāra-mala-nāśanam*

« On peut se purifier en prenant un simple bain tous les jours, mais en se baignant, fût-ce une fois, dans les eaux sacrées pareilles au Gange de la *Bhagavad-gītā*, on se débarrasse d'un coup de toute impureté matérielle. »

> *gītā su-gītā kartavyā, kim anyaiḥ śāstra-vistaraiḥ*
> *yā svayaṁ padmanābhasya, mukha-padmād viniḥsṛtā*
> (*Gītā-māhātmya* 4)

Dieu a personnellement exposé la *Bhagavad-gītā*, aussi n'est-il nullement nécessaire de lire d'autres Écrits védiques. La littérature védique est en effet si vaste que l'homme d'aujourd'hui, absorbé dans ses activités matérielles, ne peut la parcourir entièrement. Cela n'est de toute façon pas indispensable. Il est suffisant d'écouter ou de lire la *Bhagavad-gītā* avec attention et de manière régulière, car elle est l'essence de tous les Écrits védiques et a été énoncée par Dieu, la Personne Suprême.

> *bhāratāmṛta-sarvasvaṁ, viṣṇu-vaktrād viniḥsṛtam*
> *gītā-gaṅgodakaṁ pītvā, punar janma na vidyate*

« Si en buvant l'eau du Gange, on obtient le salut, que dire de ce qu'obtient celui qui boit les eaux sacrées de la *Bhagavad-gītā*, le nectar du *Mahābhārata* énoncé par Kṛṣṇa, le Viṣṇu originel » (*Gītā-māhātmya* 5) La *Bhagavad-gītā* émane des lèvres du Seigneur tandis que le Gange prend sa source à Ses pieds pareils-au-lotus. Il n'y a certes, aucune différence entre la bouche et les pieds du Seigneur, mais nous comprendrons aisément que la *Bhagavad-gītā* prévaut sur le Gange.

sarvopaniṣado gāvo, dogdhā gopāla-nandanaḥ
pārtho vatsaḥ su-dhīr bhoktā, dugdhaṁ gītāmṛtaṁ mahat

« On peut comparer cette *Gītopaniṣad,* la *Bhagavad-gītā,* l'essence de toutes les *Upaniṣads,* à une vache qui serait traite par le jeune pâtre Kṛṣṇa. Quant à Arjuna, il est semblable au jeune veau qui se nourrit de son lait. Les sages érudits et les purs dévots en boivent aussi le délectable lait. » (*Gītā-māhātmya* 6)

ekaṁ śāstraṁ devakī-putra-gītam
eko devo devakī-putra eva
eko mantras tasya nāmāni yāni
karmāpy ekaṁ tasya devasya sevā
(*Gītā-māhātmya* 7)

De nos jours, les gens souhaitent avoir une Écriture, un Dieu, une religion et une activité. Aussi ce verset dit-il, *ekaṁ śāstraṁ devakī-putra-gītam :* « Qu'il n'y ait qu'une Écriture pour le monde entier – la *Bhagavad-gītā.* » *Eko devo devakī-putra eva :* « Qu'il n'y ait qu'un Dieu – Kṛṣṇa. » *Eko mantras tasya nāmāni :* « Qu'il n'y ait qu'un hymne, un mantra, une prière – le chant de Son nom Hare Kṛṣṇa Hare Kṛṣṇa Kṛṣṇa Kṛṣṇa Hare Hare / Hare Rāma Hare Rāma Rāma Rāma Hare Hare. » *Karmāpy ekaṁ tasya devasya sevā :* « Qu'il n'y ait qu'une activité – le service de dévotion offert à Dieu, la Personne Suprême. »

Aperçu des dix-huit chapitres de la Bhagavad-gītā

**CHAPITRE UN : Entre les deux armées –
Sur le champ de bataille de Kurukṣetra**

Alors que les deux armées vont s'affronter, Arjuna, le puissant guerrier, voit dans les deux camps ses proches, ses instructeurs et ses amis, prêts à se battre et à sacrifier leurs vies. Accablé de douleur et pris de compassion, Arjuna faiblit, devient confus et renonce à combattre.

CHAPITRE DEUX : Aperçu de la Bhagavad-gītā

Arjuna prend refuge en Śrī Kṛṣṇa et devient Son disciple. Kṛṣṇa l'instruit alors sur la différence fondamentale entre le corps matériel temporaire et l'âme spirituelle éternelle. Il explique ensuite le processus de la transmigration de l'âme, dépeint la nature du service immotivé offert au Suprême et donne les caractéristiques d'une personne réalisée spirituellement.

CHAPITRE TROIS : Le karma-yoga

Dans l'univers matériel, tout être doit agir d'une façon ou d'une autre. Mais ces activités peuvent soit l'enchaîner à ce monde soit l'en libérer. En agissant pour le plaisir du Suprême, sans motivation personnelle, on peut s'affranchir de la loi du karma (action et réaction) et obtenir la connaissance transcendantale du soi et du Suprême.

CHAPITRE QUATRE : La connaissance transcendantale

La connaissance transcendantale – la connaissance spirituelle de l'âme, de Dieu et de leur relation – purifie et libère à la fois. Ce savoir est le fruit de l'acte dévotionnel désintéressé (*karma-yoga*). Le Seigneur expose l'histoire très ancienne de la *Gītā,* le but et la signification de Ses séjours périodiques dans le monde matériel, ainsi que la nécessité d'approcher un *guru,* un maître réalisé.

CHAPITRE CINQ : L'action dans la conscience de Kṛṣṇa

Accomplissant extérieurement toutes sortes d'activités mais renonçant intérieurement à leurs fruits, le sage, purifié par le feu de la connaissance transcendantale, connaît la paix, le détachement, l'équanimité et obtient la vision spirituelle ainsi que la félicité.

CHAPITRE SIX : Le dhyāna-yoga

Le *dhyāna-yoga* est la partie méditative de l'*aṣṭāṅga-yoga,* ensemble de techniques permettant de contrôler le mental et les sens et de se concentrer sur le Paramātmā (l'Âme Suprême, forme du Seigneur sise dans le cœur). Cette pratique culmine dans le *samādhi,* la pleine conscience de l'Absolu.

CHAPITRE SEPT : La connaissance de l'Absolu

Kṛṣṇa est la Vérité Suprême, la cause et le soutien ultimes

de tout ce qui est, matériel et spirituel. Les spiritualistes avancés s'abandonnent à Lui dans la dévotion, alors que les impies se tournent vers d'autres objets d'adoration.

CHAPITRE HUIT : Atteindre le Suprême

En se souvenant de Kṛṣṇa avec dévotion tout au long de sa vie, et plus particulièrement au moment de la mort, on peut atteindre Sa demeure suprême par-delà le monde matériel.

CHAPITRE NEUF : Le plus secret des savoirs

Kṛṣṇa est la Personne Suprême et l'objet suprême d'adoration. L'âme Lui est éternellement liée à travers le service de dévotion pur (*bhakti*). En retrouvant l'amour de Dieu, on retourne à Lui, dans le royaume spirituel.

CHAPITRE DIX : L'opulence de l'Absolu

Toutes les manifestations extraordinaires de puissance, beauté, grandeur ou magnificence, ne sont que des manifestations partielles des énergies divines de Kṛṣṇa et de Son opulence. Cause suprême de toutes les causes, soutien et essence de tout ce qui est, Kṛṣṇa est le suprême objet d'adoration de tous les êtres.

CHAPITRE ONZE : La forme universelle

Kṛṣṇa confère à Arjuna la vision divine et lui révèle Sa spectaculaire forme universelle : la manifestation cosmique. Il établit ainsi Sa divinité et explique que Son apparence humaine est la forme originelle de Dieu, qui ne peut être vue qu'à travers le pur service de dévotion.

CHAPITRE DOUZE : Le service de dévotion

Le *bhakti-yoga*, le pur service de dévotion offert à Śrī Kṛṣṇa, est le moyen le plus élevé et le plus rapide pour atteindre le pur amour de Kṛṣṇa – le but ultime de l'existence. Ceux qui suivent ce yoga voient se développer en eux les qualités divines.

CHAPITRE TREIZE : La nature, le bénéficiaire et la conscience

Celui qui comprend la différence entre le corps, l'âme et l'Âme Suprême, est libéré du monde matériel.

CHAPITRE QUATORZE : Les trois guṇas

Toutes les âmes incarnées subissent l'emprise des trois modes d'influence de la nature matérielle : la vertu, la passion et l'ignorance. Śrī Kṛṣṇa explique ces modes d'influence, comment ils agissent sur nous, comment les transcender et les caractéristiques de celui qui a atteint le niveau transcendantal.

CHAPITRE QUINZE : Le puruṣottama-yoga

Le but ultime de la connaissance védique est de se défaire des chaînes de la matière et de comprendre que Śrī Kṛṣṇa est Dieu, la Personne Suprême. Celui qui réalise l'identité suprême de Kṛṣṇa s'abandonne à Lui et avec dévotion se voue à Son service.

CHAPITRE SEIZE : Natures divine et démoniaque

Ceux qui possèdent les qualités démoniaques et vivent selon leur fantaisie, sans suivre les règles scripturaires, renaissent dans des conditions d'existence très basses et s'enchaînent de plus en plus à la matière. Mais ceux qui possèdent les qualités divines suivent une discipline de vie fondée sur les Écritures et atteignent graduellement la perfection spirituelle.

CHAPITRE DIX-SEPT : Les branches de la foi

La foi peut s'exprimer sous trois formes, correspondant chacune aux trois modes d'influence de la nature matérielle.

Les résultats des actes accomplis par ceux dont la foi subit l'ascendant de la passion ou de l'ignorance sont temporaires et matériels, alors que les actes inspirés par la vertu – en accord avec les injonctions scripturaires – purifient le cœur et conduisent à la foi transcendantale en Śrī Kṛṣṇa et à la dévotion pour Sa personne.

CHAPITRE DIX-HUIT : Conclusion, la perfection du renoncement

Kṛṣṇa donne la signification du renoncement et explique les effets des influences des *guṇas* sur la conscience et les activités de l'être humain. Il explique également la réalisation du Brahman, exalte les gloires de la *Bhagavad-gītā* et donne son ultime conclusion : la plus haute forme de religion est l'abandon inconditionnel à Kṛṣṇa. Il libère l'homme de tout péché, le conduit à l'illumination et lui permet de retourner dans le royaume éternel de Dieu.

L'auteur

Sa Divine Grâce A.C. Bhaktivedanta Swami Prabhupāda
naquit à Calcutta en 1896. Il reçut de ses parents le nom de
Abhay Charan, ce qui veut dire : « Celui qui, ayant pris refuge
aux pieds pareils-au-lotus de Kṛṣṇa, ignore la crainte. »

En 1922, après avoir mené à bien ses études à l'Université
de Calcutta et participé activement au mouvement non vio-
lent de Gandhi, il assista pour la première fois à une confé-
rence tenue par Śrīla Bhaktisiddhānta Sarasvatī Ṭhākura,
l'un des plus grands maîtres et érudits en matière de
connaissance védique. Après le discours, Abhay Charan fut
introduit auprès du maître qui lui demanda de faire connaître la philosophie de la *Bhagavad-gītā* en Occident. Abhay
Charan ne put immédiatement satisfaire la requête de Śrīla
Bhaktisiddhānta Sarasvatī. Il n'oublia jamais, cependant,
cet entretien, et onze ans plus tard, il accepta officiellement
ce dernier comme maître spirituel. En 1936, quelques jours
avant de quitter ce monde, Śrīla Bhaktisiddhānta formula

à nouveau son désir de le voir transmettre le message de la *Bhagavad-gītā* aux contrées occidentales.

Alors qu'Abhay Charan résidait encore en Inde, son maître spirituel lui apparaissait souvent en songe, renouvelant toujours la même demande. En 1959, encouragé par l'un de ses frères spirituels, il décida de prendre l'ordre du renoncement (le *sannyāsa*); c'est alors que lui fut attribué le nom de A. C. Bhaktivedanta Swami. Abandonnant sa vie familiale et sociale, il se retira à Vṛndāvana, lieu de l'avènement de Śrī Kṛṣṇa il y a 5 000 ans, pour y traduire en langue anglaise le *Śrīmad-Bhāgavatam*, et plusieurs autres textes sanskrits.

En 1965 il s'embarqua sur un cargo à destination des États-Unis, avec pour toute fortune 40 roupies. Seul à New-York, il se rendait chaque jour dans un parc et chantait le mantra Hare Kṛṣṇa. De nombreux jeunes furent attirés par sa personnalité; ils chantaient avec lui les mantras védiques et assistaient régulièrement à ses cours sur le *bhakti-yoga*. Quelque temps plus tard, il ouvrit son premier temple de Kṛṣṇa dans une petite boutique désaffectée.

Bientôt, ses disciples établirent des temples à Los Angeles, San Francisco, puis Londres et Paris; aujourd'hui, le Mouvement pour la Conscience de Kṛṣṇa, avec ses milliers de *bhaktas*, est présent en chaque grande ville de la planète, et Sa Divine Grâce A. C. Bhaktivedanta Swami Prabhupāda est devenu l'auteur de philosophie védique le plus lu et le plus apprécié dans le monde. Il a maintenant publié nombre d'ouvrages essentiels, tels que *La Bhagavad-gītā*, *Le Śrīmad-Bhāgavatam*, *Le Nectar de la dévotion*, *Le Livre de Kṛṣṇa* et *Le Śrī Caitanya-caritāmṛta*. Par souci de garder intact le sens premier des textes anciens, A. C. Bhaktivedanta Swami Prabhupāda donne, pour chacun de ces ouvrages, le sanskrit original, la traduction mot à mot puis la traduction littéraire;

il précise ensuite la teneur et portée à la lumière d'enseignements millénaires de maîtres appartenant à une filiation spirituelle remontant à Kṛṣṇa Lui-même (*guru-paramparā*).

Aujourd'hui, ses livres servent d'ouvrages de référence aux étudiants en philosophies orientales de la plupart des grandes universités du monde. Infatigable, Sa Divine Grâce A. C. Bhaktivedanta Swami Prabhupāda voyagea d'un bout à l'autre de la terre : il s'adressa chaque jour à un vaste auditoire et avec constance, instruisit ses disciples, transmettant son héritage spirituel, afin qu'à leur tour ils puissent offrir à tous cette sagesse védique dans sa pureté originelle.

La Bhagavad-gītā telle qu'elle est

par Sa Divine Grâce A. C. Bhaktivedanta Swami Prabhupāda

Couverture souple, format de poche, 864 pages, 18 chapitres totalisant 700 versets, 16 illustrations en couleurs
ISBN 978-91-7149-753-6

Pour vous procurer ce livre, vous pouvez vous adresser à l'un de nos centres sur la liste à la page suivante, ou visiter blservices.com/frbg

Livre numérique et audio: bbtmedia.com

La *Bhagavad-gītā telle qu'elle est* nous présente l'essence de la connaissance védique et dépeint de façon claire et détaillée la nature de l'âme, la conscience, le karma, le temps, la réincarnation, les différents yogas, l'univers et Dieu, la Personne Suprême.

Originellement écrite en sanskrit, la *Bhagavad-gītā telle qu'elle est* traduite et commentée par Sa Divine Grâce A. C. Bhaktivedanta Swami Prabhupāda est largement diffusée dans le monde, aussi bien parmi les particuliers que dans l'enseignement. La version française se veut fidèle à la traduction de Śrīla Prabhupāda et nous est offerte en deux formats, soit en livre de luxe avec couverture rigide ou en format de poche avec couverture souple. Le format de luxe contient le texte sanskrit original, la translittération en caractères romains, l'équivalent français de chaque terme sanskrit et la traduction en prose de chaque verset suivie d'un commentaire élaboré. Le format de poche exclut le devanagari et le mot-à-mot, mais contient toutes les translittérations et les traductions de chaque verset ainsi que les commentaires complets.

Centres de bhakti-yoga dans les pays francophones

Acharya-fondateur A.C. Bhaktivedanta Swami Prabhupāda

Pour une liste complète de tous les centres à travers le monde visitez **centres.iskcon.org** ou **directory.krishna.com**. Pour des informations sur les horaires, festivals, cours ou conférences, adressez-vous au centre le plus près de chez vous. Mise à jour des adresses: juillet 2025

✦ Centres où il y a un restaurant ✧ restaurants

France

Paris – Radha-Parisisvara Mandir, 230 Avenue de la Division Leclerc, 95200 Sarcelles; Tél. +33 (0)6 11 23 86 03; iskconfr@gmail.com; iskconparis.org

Luçay-le-Mâle – La Nouvelle Mayapura, Château d'Oublaise, 36360 Luçay-le-Mâle; Tél. +33 (0)2 54 40 23 95; contact@newmayapur.com; newmayapur.com/fr

Tours ✧ Restaurant Gopal, 8 Avenue du Mans; 37100 Tours; Tél. +33 (0)7 83 65 45 65; contact@legopal.fr; legopal.fr

Canada

Montréal – 1626 boulevard Pie-IX, Montréal (Québec) H1V 2C5; Tél. +1 514 521 1301; iskconmontreal@gmail.com; iskconmontreal.ca

Ottawa ✦ 212 Somerset Street East, Ottawa (Ontario) K1N 6V4; Tél. +1 613 565 6544; ottawa.iskcon.ca

Île Maurice

Bon Accueil – ISKCON Vedic Farm, Hare Krishna Road, Vrindavan, Bon Accueil; Tél. +230 418 3955, +230 418 3185; sriniketandas@yahoo.com; iskconmauritius.org

Phoenix ✦ Sri Sri Radha Golokananda Mandir, Srila Prabhupada Street, Vacoas, Phoenix; Tél. +230 696 5804; info@iskconvedicfarm.mu; iskconmauritius.org

Togo

Lomé – Sis Face Place Bonke, dans l'allée du magasin Mousse Confort, Tokoin Hospital 01, BP 3105; Tél. +228 93 183678, +228 91 155164; iskcontogotokoin@yahoo.fr

Suisse

Zürich – Krishna-Gemeinschaft Schweiz, Bergstrasse 54, 8032 Zürich; Tél. +41 (0)44 262 33 88; info@krishna.ch; krishna.ch

Langenthal – Gaura Bhaktiyoga Center, Dorfgasse 43, 4900 Langenthal; Tél. +41 (0)76 507 04 99; gaura.bhaktiyoga.center@gmx.ch; gaura-bhakti.ch

Belgique

Durbuy ✦ ISKCON Radhadesh, Petite Somme 5, 6940 Septon–Durbuy; Tél. +32 (0)86 32 35 90; info@radhadesh.com; radhadesh.com

Côte d'Ivoire

Abidjan – Temple Hare Krishna, Cocody Angre, Star 9B, Villa 90, Abidjan; Tél. +225 05 648 329, +225 42 145 150; bhakti.carudesna.swami@gmail.com

République Démocratique du Congo

Kinshasa – Commune de Mont Ngafula Mbudi Safrica, avenue du Fleuve N° 1, Kinshasa; Tél. +243 997 132 360; bhakti.carudesna.swami@gmail.com

La Réunion

Le Tampon – Association Réunionnaise Sankirtan, 48 rue Paul Verlaine, 97430 Le Tampon; Tél. +(0)262 49 76 32, +(0)692 26 52 90, +(0)692 70 74 38; iskcon.reunion@gmail.com

Saint André – Association Radha Govinda Repas Fraternels, 2306 Chemin Grand Canal RDM Les Bas, 97440 Saint André Réunion (France); Tel : +262 693614847; radhagovinda.rf@gmail.com